한국 정치에 봄은 오는가?

다시 쌓는 민주주의

한국 정치에 봄은 오는가?

이언주 지음

비타베아타

추천의 글

윤여준

(전 환경부 장관, 전 민주통합당 국민통합추진위원장)

이언주는 오랜 기간 진영을 넘어 오직 국민 편에서 국가의 미래를 고민해 온 드문 정치인이다. 그는 변호사이자 경제인 출신으로 정치권에 입문한 뒤 좌우 양당 모두를 경험하면서 X세대 자유인답게 권력의 눈치를 보지 않고 살아 있는 권력을 향해 늘 지속해서 옳은 소리를 내 왔다. 그러다 보니 때로 오해도 받고 좌충우돌하기도 했지만, 이제는 점차 정치인으로서 통찰력과 지혜를 갖춰 가는 것 같아 기대하며 지켜보고 있다.

이 책에서 이언주는 제3의 길, 즉 가장 정의로운 길, 최선의 길에 대한 고민을 독자들에게 털어놓으며 반윤을 넘어서 제7공화국의 비전을 펼치고 있다. 국제 질서와 산업 전환기에 대한 통찰과 함께 상명하복의 신권위주의 극복과 민주보수 담론, 신경제발전론, 자주국방과 강한 나라, 남북한 경제공동체와 자율적 전략외교 등 다양한 영역에서 새로운 질서를 주장하고, 그를 위해서는 정치가 변해 진영병을 극복해야 함을 역설한다. 그가 꿈꾸는 새로운 정치가 한국 정치에 봄을 가져오길 바란다.

정세현

(전 통일부 장관, 전 한반도평화포럼 이사장)

박정희-전두환 정부 때는 남북 관계 경색과 한반도 정세 긴장이 일상화되었지만, 노태우 정부의 북방정책 이후 남북 관계와 한반도 정세는 일희일비하면서도 긴장 완화 쪽으로 전개되어 왔다. 특히 김대중 정부의 햇볕정책, 노무현 정부의 평화번영정책 덕분에 한반도 안보 상황이 안정 기조를 유지하는 가운데 남북 관계는 발전을 거듭했다. 금강산 관광이 시작되고 개성공단이 가동되면서부터는 남북 경제공동체를 토대로 한 한반도 평화 정착에 대한 국민의 기대와 희망도 커졌다. 문재인 정부 때는 남북 정상회담을 세 번이나 했고 미북 정상회담도 두 번이나 할 정도로 한반도 정세는 안정되는 추세를 보였다.

그러나 2022년 여름 이후 남북 관계와 한반도 정세를 보면, 언제 한반도가 불바다가 될지 모를 불안한 상황이다. 국민이 이런 불안한 상황에서 벗어나려면 국가의 통일·외교·안보 정책이 제대로 수립·추진되어야 한다. 그러기 위해서는 정치인들, 특히 젊은 정치인들이 정신을 똑바로 차리고 자기들의 목소리를 내면서 역할을 제대로 해 줘야 한다.

그런 점에서 나는 정치인 이언주의 성장과 발전을 바라고 있다. 이유는 간단하다. 방송을 통해서 정치인 이언주를 알게 됐지만, 그는 무척 명석하고 사리 분별이 뛰어난 사람이다. 그의 통찰력에 나도 깜짝 놀랄 때가 많다. 어릴 때 해외 생활을 많이 했다고 하는데, 다소 보수적 세계관을 갖고 있는데도 불구하고 사안별로 매우 유연하고 진취적으로 사고하고, 그걸 촌철살인의 언술로 풀어낸다. 신언서판身言書判이라더니, 정말 그렇다. 더구나 변호사로 기업인 출신이면서도 이언주만큼 국제 정치나 남북 관계에 관해 많이 공부하고 고민하면서 자기 생각을 논리적으로 잘 풀어 나가는 정치인은 흔치 않다.

나는 그가 앞으로 대한민국의 역사를 바꿔 나갈 여성 정치인이 될 것임을 믿어 의심치 않는다. 《한국 정치에 봄은 오는가?》라는 제목의 이 책에는 간략히 언급되어 있지만, 남북한 경제공동체

구축과 통일이 우리에게 혼란보다 번영을 가져올 수 있도록 하기 위해서는 지금부터 많은 고민과 준비가 필요하다는 생각에 동의한다. 핵 문제에 대한 해법 등은 내가 전적으로 동의하는 것은 아니지만, 소위 민주화 이후의 X세대나 그 이후 세대가 갖고 있는 지극히 현실적인 고민을 잘 정리하고 있어서 지혜로운 정책 대안을 개발해 나갈 것으로 믿는다.

전 세계가 전쟁과 보호주의 무역 등으로 생존 경쟁이 치열하다. 그러다 보니 사방이 Strong Man의 시대가 되어 가고 있다. 그러나 언젠가는 이런 시대가 끝나고 Wise Woman의 시대가 올 것이다. 내가 정치인 이언주에게 기대를 거는 이유다.

이상돈

(전 중앙대학교 교수, 제20대 국회의원)

2012년 4월 총선에서 새누리당은 의외로 선전해서 원내 과반수 의석을 차지했다. 당시 새누리당 비대위원이었던 나는 그 선거 결과에 관해 인터뷰를 많이 했다. 라디오 인터뷰 중 진행자가 그때 새롭게 당선된 초선 의원 중 주목해야 할 사람이 누구냐고 내게 물었다. 예정에 없던 질문에 나는 잠시 생각하다가 경기도 광명시에서 승리한 이언주 당선자라고 답했다. 당시에 나는 이언주를 알지 못했다. 하지만 광명시장을 지낸 3선 의원인 새누리당 중진 전재희를 꺾고 당선됐으니 당연히 주목할 만했다. 당시 민주당의 주류는 80년대에 대학을 다닌 운동권이 석권하고 있을 때인데, 이언주는 기업 경영에 참여한 변호사였다.

2016년 총선에서 이언주 의원은 재선에 성공했고, 나는 국민의당 비례대표로 국회의원이 됐다. 20대 국회는 시작하자마자 개헌특위를 가동해서 정부 구조 개편 등에 관해 심도 있게 논의했다. 그때 나는 개헌특위 위원으로서 이언주 의원과 함께 많은 회의를 같이했는데, 당시 새로운 질서가 필요하다고 강력한 소신을 피력하던 그의 모습은 인상 깊었다. 하지만 정국이 대통령 탄핵으로 흘러가자 개헌 논의는 동력을 상실했다. 그즈음 이 의원은 민주당을 탈당해서 국민의당으로 적籍을 옮겼다. 그렇게 해서 우리는 같은 배를 탔다.

안철수가 대선에서 3위를 하고 나서 국민의당은 끝없는 분란에 휩싸였다. 바른정당과 무리하게 합당해서 국민의당은 분열되고 말았고, 나와 이 의원은 다시 다른 배를 탔다. 2020년 총선을 앞두고 이 의원은 다시 탈당하고 새로운 당을 만들었으나, 역부족이었는지 결국 국민의힘의 전신인 미래통합당에 합류했다. 그해 총선에서 부산에 출마했지만, 고향 영도에서 밀려나는 등 공천 파동에 휩쓸린 탓인지 이 의원은 고배^{苦杯}를 들고 말았다.

이 의원이 미래통합당에 합류할 때 나는 이 의원이 거기서 버티기가 어렵다고 생각했다. 민주당의 주류도 문제지만 국민의힘의 주류도 그 못지않기 때문이다. 내 예상대로 그 후 이언주는 방송 출연 등을 통해서 국민의힘과 윤석열 정부에 대해 비판적 목소리를 쏟아 냈다. 이쯤 되면 국민의힘 당적이 더는 의미가 없어 보이니, 어쩌다 보니 여러 정당을 거친 형상이 됐다. 여러 정당을 거치는 모습에 대해 다양한 평가가 있겠지만, 오늘날 많은 사람, 특히 자기 생각이 있는 많은 사람도 똑같은 심정일 것이라고 나는 확신한다.

그동안 인터뷰 등을 통해 거침없이 자기 의견을 개진해 온 '깨어 있는 정치인' 이언주가 이번에 책을 냈다. 이 책의 출판과 더불어 새출발해서 혼탁하고 퇴폐적인 우리 정치에 변화를 불러오는 역할을 하기를 기원한다.

여는 글

몇 년간의 침묵, 그리고 다시 돌아오다

나는 보수가 달라지길 바랐다. 적어도 전 정권보다는 낫길 기대했다. 그래서 중도·보수 통합의 흐름에 참여했다. 그런데 지금은 후회한다. 보수의 가치도, 중도의 유연함도, 공적 책임감도, 그때 우리에게 통합을 제시하며 다짐했던 그 어떤 것도 지켜지지 않았다. 심지어 다른 세력과의 공존에 관한 약속도 없던 것이 되었고, 공천조차도 공천 돌려막기 파동에 휩쓸려 버렸다. 이제는 진정성 없이 외치는 '통합' 구호는 믿지 않는다.

지난 총선 때 나는 부산에서 출마했다. 통합 당시에는 잘나갔기 때문에 당 대표 등 지도부의 책임 있는 분 여럿이 찾아와 고향인 부산 영도에서 출마하고 부울경 선대위원장을 맡아 달라는 둥 나를 설득했다. 그런데 정작 부산 가겠다고 하고 내려가니까 이런 핑계, 저런 핑계를 대면서 발표를 차일피일 미루기 시작했다. 그러더니 나중에는 연고 없는 부산 남구로 밀려났다. 부산 영도에는 공관위원장의 비서 출신이 공천받았다. 애초에 고향 발전을 위해 부산으로 내려가자고 마음먹었는데, 그 명분조차 없어진 것이다. "정치는 명분"이라는 말을 따라 그때 그만뒀어야 했는데, 그러지를 못했다. 밀어내기 공천이 부당하다고 생각했지만, 그냥 받아들이고 출마했다.

당시 무소속 의원이었던 나는 조국 사태 당시 정치권의 내로남불 행태에 삭발로 저항하는 등 용기를 내어 문재인 정권과 운동권을 비판했다. 그 때문인지 보수층에서 내 인기가 한창 치솟았다. 아마도 이용 가치가 있었을 것이다. 젊은 정치인을 끌어들이고 이미지를 소비한 다음 권력을 나눌 때는 철저히 내치는 행태, 사람 귀한 줄 모르는 행태가 보수 정당의 흔한 방식이었음을 나중에야 깨달았다. 후회했지만 이미 늦었다. 어리석은 나 자신을 자책했지만, 통합 과정에서 나와 함께했던 몇 명이라도 당내경선이나 공천을 보장받게 하려면 내가 승복할 수밖에 없었다.

어쩔 수 없이 정치를 쉬어야만 했다. 쉬어 보니 상처받은 마음도 치유가 되고, 울분이나 격한 감정도 가라앉힐 수 있었다. 보이지 않던 게 보이고, 나 자신을 돌아보며 객관화할 수 있었다.

애초에 너무 승승장구했던 나는 자신감에 가득 차 있었다. 30대 초반에 르노코리아에서 일하며 프랑스 르노그룹에서 한국인으로는 유일하게 스톡옵션을 받았고, 30대 후반에는 자산 규모 기준으로 대한민국 30대 대기업의 최연소 임원으로 승진했다. 그렇게 승승장구하던 나는 IMF 이후 가정형편이 어려워져 고생만 하시던 어머니께서 지병으로 돌아가시자 사회안전망의 절실함에 공감하게 되었고, 마침 중도 확장을 꾀하던 당시 민주통합당의 인재 영입 대상이 되었다. 그리고 모두가 안 될 거로 생각했던 경기 광명을 지역구에서 전재희 장관을 꺾고 39세의 나이에 화려하게 정치에 입문하였다.

그런데 세상만사가 다 그렇듯 너무 급하게 먹은 밥이 체한다고 너무 승승장구하면 반드시 어딘가에 제동이 걸리게 마련이다. 다소 개혁적인 성향이라 해도 X세대에 해당하는 나로서는 민주당 계열의 주류 세력인 운동권 세력과는 정서적 괴리가 있었다. 반기업 정서와 낭만주의적 대북관, 집단주의적 문화는 너무나 생경했다. 급기야 친문 대 비문의 계파 간 갈등과 문파 세력의 문자 폭탄에 질려 선도탈당을 하였지만, 함께 탈당을 도모했던 누구도 뒤따라 나오지 않았다. 정치의 비정함을 실감하였고, 리더라는 자들이 어찌 이렇게 비겁할 수 있나 원망스럽기도 하였지만, 순진한 나를 탓해야지 누굴 탓하랴?

어쨌든 그때부터 나는 이언주의 길을 찾아 방황했던 셈이다. 친정이었던 더불어민주당에 등 돌리고 나오다 보니 나는 한동안 문자폭탄과 댓글테러의 대상이 되었다. 더구나 탄핵 이후 집권한 문재인 정권은 초기 지지율이 70~80%에 달했기에 "이니 마음대로"라는 구호에서 보듯 조금만 비판해도 추종 세력이 문자폭탄에 댓글 테러, 사무실 앞 항의 등으로 괴롭히기 일쑤였다. 검경 정보원들이 나와 관련된 비리 첩보를 수집하러 다닌다는 말도 돌았다. 처음에는 원망과 울분이 가득했지만, 나중에는 세상에 공짜가 없듯 나도 정치에 입문한 정당과 지역구를 떠나올 때는 그만한 대가를 치를 수밖에 없다는 생각이 들었다. 당시와 같은 경험은 두 번 다시 하고 싶지 않지만, 지금 와서 보면 그런 어려움을 겪으면서 통찰력이나 정무적 감각도 길러지고 사람들의 욕망과 심리에 대해서도 파악할 기회가 되었다고 생각한다.

나는 낙선 이후 쉬면서 사랑하는 가족과 더 많은 시간을 함께하고, 통일·외교·안보 관련 박사과정도 밟고, 인생과 정치에 관해 사유하는 시간도 갖는 등 유익한 나날을 보낼 수 있었다. 늘 정신없이 분주한 삶을 살다 보니 한때는 국회의원 하다가 못 하면 큰일이라도 나는 줄 알았다. 그런데 정작 떨어지고 나니 여유가 생겨서 그 시간을 가족과 나 자신을 위해 쓸 수 있었기에 오히려 감사하게 생각한다.

마음을 추스르고 나서 결심하였다. "이언주는 이언주의 길을 가겠다."라고. 잘나가던 더불어민주당을 박차고 나와 보수 정당에 와서 기껏 한다는 게 권력에 아부하는 모습이어야 되겠나 하는 생각이 들었다. 애초에 생각했던 대로 보수가 변화하는 데 기여하던가, 정치가 변화하는 데 기여하던가, 정치를 하는 이상 뭔가 의미 있는 일을 하고, 할 말은 하는 정치를 하겠다고 마음을 다잡았다. 권력에 줄이나 서고 이리저리 우르르 몰려다니며 살기 위해 발버둥치는 정치는 하지 말자, 적어도 시대정신에 부합하는 정치를 해야겠다고 결심했다.

윤석열 정권과 국민의힘의 현 위기 상황은 탄핵 정국을 거치며 정치적으로 이미 패배한 보수 세력을 적폐 청산이라는 구호 아래 잔인하게 도륙한 윤석열 사단을 보수의 집권 세력으로 옹위해 온갖 무리를 할 때부터 예견된 것이었다. 그전까지는 많은 사람이 그가 편을 가리지 않고 칼같이 사법 정의를 실현하는 모습에 박수를 보냈다. 그런데 나는 그를 둘러싼 국민의힘 인사들(나중에 그들은 '윤핵관'으로 불리었다.)의 면면과 정치 참여 선언 이후 그의 행보와 발언들을 보면서 어쩌면 그는 사람들이 생각하듯이 정의로운 사람이 아닐지도 모른다는 생각이 들었다. 당시 대세였던 윤 후보가 저녁을 사면서까지 도와달라고 했을 때는 솔직히 잠시 고민도

했다. 내 개인의 미래와 나라의 미래 사이에서 갈등했다. 고민 끝에 그와 경쟁 관계에 있던 다른 후보의 선대위원장을 맡아 돕기로 하였다. 그때 나는 대략 다음 세 가지 이유로 윤석열 후보가 대통령이 되어서는 안 된다고 주장했다.

첫째, 평생 검찰에만 있어서 국정 운영 준비가 안 되어 있고 정치가 검찰화·사법화된다. 둘째, 본부장(본인, 부인, 장모) 비리 의혹이 해소되지 않으면 그가 내세우는 '공정과 상식'이 무너질 것이다. 셋째, 보수 궤멸에 앞장섰기 때문에 권력이 쇠락하여 내부 모순에 부딪히면 보수가 자멸할 것이다. 이런 내 우려는 그대로 현실이 되고 있다. 정치를 하면서 나는 박근혜, 문재인, 윤석열 정권의 탄생을 지켜보았다. 그 셋 모두 내가 지지하지 않았지만, 그들은 당선되었다. 문제는 정치권의 의사결정이란 게 집단지성이 모이는 합리적 의사결정이라기보다 정당, 그중 주류 세력의 집단적 이기심이 발동하고, 그들을 지지하는 핵심 이익집단의 이기심이 발동하는 결과라는 점이다. 따라서 앞으로도 이런 식의 의사결정이 반복되고, 그것을 '깨어 있는 시민'이 견제하지 못한다면 이 나라의 미래는 어둡기만 할 것이다.

현 정부 출범 직후부터 예상한 대로 문제가 드러나기 시작했다. 그래서 다시 발언하기 시작했다. 공천이니 권력이니 하는 것에 집착해야 소용없고, 준비되지 않은 자가 권력을 쥐면 결국 많은 이의 불행으로 끝난다는 사실을 깨달았다. 모든 것은 순리대로 간다. 물 흐르는 듯 마음을 비우고 민심에 몸을 맡겨야 한다.

국민의힘에서 신경질적인 반응이 왔다. 방송에서 "이대로 가면 총선 폭망이다.", "대통령에게 줄 서면 장관이 될 수 있다는 메시지 아닌가?" 정도의 비판적인 경고를 했다는 이유로 국민의힘 윤리위원회에서 '주의 촉구' 징계를 내렸다. 징계 예고도 받지 못했고 소명 기회도 없었지만, 굳이 따지지 않았다. 그럴 만한 가치가 없다고 생각했다. 언론에 나가 대통령의 실정과 당의 무능함, 비민주성을 비판할 때는 이미 어느 정도 각오한 바다. 하지만 독재국가도 아닌 대한민국에서 비판 좀 했다고 징계라니, 국민의힘은 앞으로 '자유'란 말을 입에 올리지 말아야 한다.

"너는 어느 편이냐?", "진보냐, 보수냐?" 가끔 나를 향해 묻는 사람들이 있다. 나는 민주당 계열에서 정치를 시작했지만, 그곳에서도 비당권파로서 내부 비판을 했다. 다만, 당시 민주통합당은 비당권파라도 어느 정도 발언권을 가질 수 있는 환경이었다. 당시 민주통합당은 애초에 중도층 공략을 위해 2012년에 30대 대기업 임원이란 타이틀을 달고 있었던 나를 영입해서 전략공천했다. 하지만 점점 더 당이 좌클릭하고 진영 대립으로 향한다고 느꼈고, 민주당이 제3의 길, 외연확장을 하면서, 시대전환을 위한 개헌과 국가개혁에 나서야 한다고 주장했다. 그런데 국민의힘에 오고 나니 또다시 극단적인 진영 대립을 향해 내부 비판을 해야 한다. 그래서 사람들이 내게 계속 "어느 편이냐?"라고 묻는 듯하다.

결론부터 말하자면, 나는 국민들 편이다. 자유주의와 개인주의에 바탕한 X세대로서, 나는 권위주의와 집단주의가 매우 불편하다. 누가 알아주든 안 알아주든, 내 자신의 양심에 반하면서까지 뭔가를 억지로 하고 싶진 않다. 국민의힘은 스스로 보수라고 하지만, 자유를 억압하는 게, 권력을 사유화하고 국민주권을 무시하는 게, 그게 아닌데도 자기 편이라고 우기고 밀어붙이는 게 과연 보수인가? 자유나 민주주의의 침해에 민감하면 보수가 아닌가? 그저 자기가 누구 편이냐에 따라서 주장하는 내용이 어떻든 무조건 자기는 보수다, 진보다 하며 주장하는 게 아닐까? 과거 '민주보수'였던 YS의 민주당이 3당 합당으로 민자당으로 결합하였고, 지금의 국민의힘까지 왔다. 그런데 지금처럼 다시 권위주의 시대로 복귀한다면, '민주보수'의 근거지였던 부산경남 지역은 이제 3당 합당의 프레임에서 벗어날 때가 된 것이다.

과거 조국 사태 당시 전 정권의 내로남불에 대해 비판하며 삭발할 때 한국당 지지자들은 환호했고 민주당 지지자들은 비난을 퍼부었다. 그러다가 조국 교수 일가에 대한 수사가 지나치다고 하니 환호하던 사람들이 비난하고, 비난하던 사람들이 호응을 했다. 정권이 바뀌니, 비슷한 일을 할 때 환호하는 사람들과 비난하는 사람들의 진영만 바뀌었다. 나는 별로 바뀌지 않았는데 세상이 누가 여당이냐 야당이냐에 따라 자꾸 바뀐다. 여당일 땐 자유를 억압하고, 야당일 땐 자유를 주장한다. 여당일 땐 권력기관을 장악하려 하고, 야당일 땐 권력기관의 독립을 주장한다. 대한민국은 집권하면 권위적이 되고, 권력을 빼앗기면 국민 편이 된다.

지난 정권에 흠집을 내야 정권교체의 정통성이 생긴다고 생각하는지, 아니면 적개심 때문인지. 지난 정권에서 무리하게 추진했던 정책은 바로잡기만 하면 될 것을 다시 극단의 반대로 널뛰기를 한다. 우리나라는 정권이 바뀔 때마다 반일과 친일, 반중과 친중, 반북과 친북, 반노동과 친노동, 반시장과 친시장을 넘나든다. 국민들은 현기증이 날 지경이고, 대한민국의 대외적 신뢰는 추락한다. 무책임한 정치다. 어느 쪽도 자신들의 부족함을 인정하지 않고, 한 쪽의 경험은 다음 정권의 노하우로 이어지지 않는다.

그래도 "진보냐, 보수냐?"라고 묻는다면? 요즘은 '틀에 박힌 이념보다 정답을 찾자.'라는 것이 내 생각이다. 주어진 여건 속에서 가장 정의롭고 바람직한 길을 찾자는 것이다. 그러나 굳이 일반적인 기준에서 따지자면, 나는 경제와 안보 문제에선 중도·보수, 외교는 중도, 그리고 개인의 자유와 민주주의에 관해서만큼은 매우 민감하니, 일종의 '민주보수'다.

한국의 보수는 권위적, 반민주적, 시대착오적이고 이기적이며, 한국의 진보는 경제와 대북관계에서 불안하다는 게 생활인들, 대다수 중산층의 불만이다. 그러니 한국 정치가 가야 할 길은 단순하다. 보수는 탈권위적이고, 민주적이며, 시대의 흐름에 민감해지고, 공공선의 의지가 강해져야 한다. 반면에 진보는 경제와 안보면에서 우리가 처한 글로벌 현실을 인식하고 국민들에게 좀 더 믿음과 안정감을 주어야 한다. 즉, 한국사회에는 '독재보수', '이기적 보수'나 '불안한 진보'가 아닌 '민주보수', '공적보수'나 '믿을 만한 진보', '유능한 진보'가 필요하다.

그것이 양당의 혁신과제이다. 그리고 양당이 혁신과제를 구현하고 상대방의 혁신과제까지 포괄한다면 대단한 외연확장을 하는 것이다. 한국의 양당이 경쟁적으로 혁신하고 외연확장까지 한다면 얼마나 좋을까? 나라가 틀림없이 발전할 것이다. 그게 한국 정치에서 각 당이 가야 할 제3의길이다. 그런데 한국 정치는 권력을 잡을 때마다 매번 그 반대로만 가니 이해하기 힘들다. 때마다 혁신위, 비대위가 당에서 만들어지지만 누구나 다 알고 있는 그 길을 왜 못 가는 걸까?

나는, 노무현 대통령께서 말씀하신 '깨어 있는 시민'이야말로 누군가를 무조건적으로 추종하기보다는 사리 분별을 할 줄 아는 시민이라고 생각한다. 나는 정치하면서 지금까지 한 번도 사람을 추종한 바 없다. '새정치'란 말에 혹해 안철수를 잠시 따랐지만, 내가 정말 추구했던 바는 사람 안철수가 아니라 안철수 현상이란 시대정신이었을 뿐이다. 지금 대한민국에서는 누군가 개인을 추종하는 정치 자체가 시대착오적이다.

다수의 침묵하는 시민이 깨어나서 지금의 관성적인 진영 대립을 극복해야 한다. 갈등의 악순환 고리를 끊어야 한다. 더 나아가 현재 안보 및 경제 위기 속에서 민생 도탄으로 고통받는 국민에게 희망을 주는 정치를 해야 한다. 그런데 요즘 정치는 단순한 진영대립 차원이 아니다. 어느 순간부터 진영대립이 극단화되어 진실과 보편적 진리, 정의의 의미마저 왜곡하고 있다. 뻔히 드러난 진실, 너무나 보편적인 상식을 두고도 다들 말을 잘 안 한다. 먼저 내가 누구 편인지부터 생각한 뒤에 내가 속한 편의 이해관계에 따라 진실과 정의도 왜곡해서 말을 하는 것이 이젠 흔한 일이 되어버렸다. 각종 인사참사, 바이든 날리면 사태, 후쿠시마 오염수와 여론, 일제강점기 강제동원배상 문제, 이태원 참사, 해병대 사건, 김건희 여사 비리 의혹과 특검 문제 등등을 보라.

"너는 누구 편이냐?"를 묻지 말고, "무엇이 옳은가?", "무엇이 바람직한가?"를 생각하자. '가장 정의로운 길'이야말로 우리가 87년 체제 이후 진작 가야 했으나 아직 가지 못한 길, 그러나 이제는 찾아가야 할 길이다. 이언주가 가고자 하는 길이다. 이 길은 이전의 길과 다른 새로운 길, 제3의 길이라 할 수도 있겠다. 하지만 그렇다고 어중간하게 양 극단의 중간을 의미하는 것이 아니다. 가장 최선의 길이자 가장 정의로운 길을 고민해서 용기 있게 나아가겠다는 뜻이다. 누구 편도 아니지만, 옳은 길이라면 누구와도 연대할 수 있다.

지금 대한민국에서 양당을 지지하지 않는 층의 본질은 양당의 중간쯤에 해당하는 생각을 하고 있다기보다 양당이 모두 정의롭지 않다고 생각해서 어느 쪽도 지지하지 않는 '무당파'이다. 그 무당파층은 양당이 내놓는 주장의 중간쯤에 어중간하게 머물 것이 아니라, 가장 정의로운 길을 찾아 용기를 갖고 가기를 바란다. 내 편, 네 편을 떠나서 말이다.

현재는 공정과 상식이라는 약속을 배신하고, 정직함, 애국심, 자율성, 이런 보수의 가치보다 권력을 사유화하고 권위주의 시대로 복귀하는 윤석열 정권과 국민의힘을 심판하고 견제하고자 하는 민심이 크다. 이미 대한민국의 보수는 어느새 권위적 보수, 독재 보수로 회귀하였고, 심지어는 권위주의 시대에도 그렇지 않았던 이기적 보수의 모습을 보이고 있다고 느낀다. 그런데 이들 상당수가 여전히 아직 야당이 미덥지 않아서 무당파로 머물러 있다. 과거 문재인 정권에 대한 실망이 여전해서 과연 그들이 대안세력이 될 수 있을지 확신이 없기 때문이다. 이들의 정치적 욕구를 해소해 줄 수 있는 정치가 필요하다.

다만, 지금 우리가 가야 할 정의로운 길 중 뚜렷한 한 가지가 검찰세력에 의한 신권위주의를 타파하고, 시민민주주의로 가야 한다는 것은 분명하다. 대한민국 사회는 식민지를 거쳐 민주주의를 외부로부터 이식받았고, 오랜 기간의 군사정권을 거치면서 권위주의 즉, 상명하복의 문화가 뿌리깊게 박혀 있다. 이후 민주화가 되었지만, 여전히 그 병폐는 우리의 발목을 잡고 있다. 국제사회에서 중견선진국이 된 지금, 대한민국이 경제적으로든 국제적으로든 한 단계 도약하기 위해서는 이 상명하복 문화를 극복하고 창의적이고 역동적이며 자율적인 사회로 전환되어야 한다. 이를 위해서도 검찰뿐만 아니라, 권력기관이 더 이상 대한민국 사회의 지배권력이 되어서는 우리에게 미래는 없다고 나는 확신한다.

더욱이 최근 유행하고 있는 영화 〈서울의 봄〉을 보면서, 국가권력기관의 정보를 장악하고 국민 개개인을 지배하는 것이 얼마나 위험한지, 그런 식으로 특정 사조직이 국가의 정치권력을 장악하는 것이 얼마나 정치를 암울하게 하는지 우리는 다시 한번 깨닫는 중이다. 그런 관점에서 검찰출신의 집권 정도가 아니라 검찰 특수부 혹은 윤석열사단의 패거리식 집권이 얼마나 대한민국의 역사를 퇴행시키고 있는지 그 엄중함을 나는 다시한번 절감한다. 금융감독, 기업검찰인 공정위, 방송언론, 검경, 국정원 등 국민들 개개인의 정보를 다루는 권력기관을 장악하여 권력의 획득과 유지에 활용하고, 경제, 방송 등에서 그러한 정보 등을 활용해 부당한 의사결정을 압박한다면…. 그것은 생각만 해도 아찔한 일이다. 그런 일은 결코 일어나서는 안 된다.

나는 이 책에서 그동안 이런저런 정치적 역정 속에서 깨달은 우리 사회가 가야 할 바람직한 길, 내가 가고자 하는 길을 제시하였다. 정치인 이언주가 조금씩 성숙하고 내공이 쌓여 가듯, 아직은 완성되지 못했지만, 언젠가는 그 길은 완성될 것으로 믿는다.

박근혜 대통령의 탄핵 이후 집권한 문재인 정권이 국가 개혁의 시대정신을 간과하고 적폐 청산에만 열중한 결과, 엉뚱하게도 검찰 정권의 탄생을 초래하였다. 대한민국 민주정치의 역사는 박근혜 정권 때보다 더 퇴행하고 말았다. 그리고 문재인 정권에 대한 비판으로 현 정권이 탄생했지만, 대안을 고민하지 않은 채 집권한 결과가 얼마나 심각한지를 우리는 보고 있다.

마찬가지로 윤석열 정권에 대해 우리는 비판하고 있지만, 이 정권이 보여 준 여러 문제의 원인을 정확히 진단하고 그 대안을 고민하지 않으면, 우리는 다음 정권에서도 똑같은 좌절을 맛볼 것이다. 신권위주의로 대변되는 윤석열 대통령을 비판하는 걸 넘어서서 새로운 대한민국에 대한 고민을 지금부터 진지하게 해야 한다. 그렇지 않으면 나중에 권력의 교체기가 오더라도 우리는 또다시 우왕좌왕하면서 권력 독점욕에 빠져 정치적 보복의 악순환에 매몰되고 말 것이다. 프랑스혁명은 인류 역사에 큰 진전을 이룬 시민혁명이었지만, 거의 70년간 프랑스는 혁명과 반혁명의 악순환을 겪고 결국은 나폴레옹 황제시대와 전쟁으로 귀결되었다. 역사적 평가를 떠나, 그 시대를 살아온 서민들의 삶이 얼마나 고단했을까. 혁명이나 사회변혁이 방향을 잃고 극단적 권력투쟁으로 변질되는 역사적 교훈을 우리는 반면교사로 삼아야 한다.

이 책에서 나는 현 정부의 문제를 진단·비판하고 그에 대한 대안을 모색해 보았다. 1장에서 3장에 걸쳐서는 현 정부와 보수정치권의 문제들을 지적하고자 했다. 검찰 정권이 망국적 진영병을 조장하고 악화하고 있는 세태와 함께 상명하복문화가 우리 사회의 발목을 잡는 근본원인임을 지적하고, '윤석열 포퓰리즘'이 경제 문제를 다루는 방식, 생명을 경시하는 보수 정치의 모순을 비판했다. 이어서 4장에서 6장까지는 내가 생각하는 가치관과 세계관을 드러내면서 시대전환기에 맞는 새로운 질서로서의 대안을 제시하려고 했다. 4장에선 주로 경제 문제에 대한 대안, 5장에선 외교·안보 문제에 대한 대안, 6장에선 정치 문제에 대한 대안을 모색했다. 각 장의 내용은 어느 정도 연결되지만, 5장은 외교·안보 문제의 특수성에 대한 일종의 '보론'처럼 보일 수 있다. 정치 문제에 대한 결론을 기대하는 독자들은 6장에서 그 답을 찾을 수 있을 것이다.

나는 정치가 궁극적으로 남을 행복하게 해 주는 일이라 자신이 행복하지 않으면 남을 행복하게 해 주기 어렵다고 생각한다. 그래서 정치인에게 가족의 존재, 행복한 일상은 너무나 중요하다. 내가 방황하면서 겪은 어려움을 긍정적으로 극복할 수 있었던 것도 순전히 가족 덕분이었다. 항상 나를 이해해 주고 걱정해 주는 인생의 동반자인 남편과 엄마를 누구보다 사랑하는 아들, 늘 나를 사랑하고 걱정해 주시는 친정아비지와 시아비지, 그리고 하늘에 계신 친정어머니와 시어머니께 이 책을 바친다. 특히 며느리를 친딸처럼 사랑하고 기도해 주신, 돌아가신 시어머니께 깊이 감사드린다. 더불어 어려운 가운데도 이언주의 진심, 이언주의 길을 믿고 함께해 주는 동료들과 팬들에게도 감사드린다.

2024년 1월
이언주

차례

추천의 글 004
여는 글 몇 년간의 침묵, 그리고 다시 돌아오다 010

PART 01 검찰 정권, '망국적 진영병'을 만들다

정치의 실종 034
사법 과잉과 경찰국가 / '검찰 세력', 왜 문제일까 / 문재인 정부의 적폐 청산이 만든 비극

상대를 죽여야 내가 사는 사법 활극이 판치는 나라 044
'칼'이 '머리'의 지위에 서게 된 사연 / '공정과 상식'은 무너지고, '망국적 진영병'이 오다 / 정치 혐오, 아이들 교육에조차 악영향을 미친다

검찰 공화국, 상명하복의 신권위주의 시대의 등장 054
상명하복의 문화가 나라를 망친다 / '권력의 시녀'에서 '권력 자체'가 되어 버린 검찰 / 검찰 시대: 상명하복의 '신권위주의', 끼리끼리 '집단주의'를 극복하고 시민민주주의로!

PART 02 기회주의적 '윤석열 포퓰리즘', 우회전 깜빡이 켜고 좌회전?

공론화 과정을 생략한 마구잡이 포퓰리즘 정책　070
김포시 서울 편입 문제 / 사회적 합의 없는 마녀사냥식 밀어붙이기 / 우회전 깜빡이 켜고 좌회전?

사회의 예측 가능성과 신뢰를 떨어뜨리는 일관성 없는 경제 정책　078
경제 정책도 '애니띵 벗 문'? / 시장주의 교란하며 부동산 가격 방어에 열 올리는 윤석열 정부 / 법인세 감세한다고 반드시 투자가 늘어나지 않는다

경제 정책을 두고 이념 대립을 하던 시대는 끝났다　088
경제 정책, 이념이 아니라 최선의 답을 찾아야 한다 / 포퓰리즘이 총선에서 통할까?

PART 03 생명을 경시하는 게 보수인가

시민들의 가슴이 답답하고 눈물 나는 정치는 이제 그만　101
가습기살균제 피해자에 대한 가슴 아픈 기억 / 원안 대신 대안으로 통과된 가습기살균제법 / 이태원 참사를 바라보는 시선, 보수는 냉혈한이 되었나 / 대통령은 참사의 재발을 막기 위한 행동을 보여 주지 못했다 / 박정훈 대령에 대한 수사 외압, '보수'가 부끄럽다

노인을 위한 대책이 없는 고령화 대한민국　118
노인을 위한 나라는 없다 / 노인이 자살하는 사회, 노인의 날에도 공산주의 타령하는 대통령

아이를 낳아 키우고 싶지 않은 나라　126
생존을 위한 합리적 선택이 저출산인 나라 / 출산과 육아 비용 투자는 사회 전체의 행복을 위한 투자

PART 04 세계화와 탈 세계화

윤석열 정부가 말하는 자유의 모순 142
선한 의도로 악한 결과를 낳는 더불어민주당? / 선한 의도조차 없는 이기적인 국민의힘? / 화물연대 파업 진압 과정에서 알게 된 윤석열 정부식 '자유'의 모순

두 번의 경제 도약과 세계 경제의 대전환 153
대한민국은 세계화를 통해 성장했다 / 한국 경제의 역동적 발전을 위한 조건 / 첫 번째 도약, 박정희의 수출주도성장 전략과 중화학공업화 / 두 번째 도약, 세계화의 기적 / 2008년 금융위기 이후 도래한 세계 경제의 대전환기 / 우리의 지정학적 운명, 이념과잉은 경제를 망친다

거대한 전환Grand Transition의 길을 찾아서 171
신 경제 성장 모델의 구상 / 한국의 양극화, 세계화보다 IMF 사태가 문제였다 / 양극화 완화 없이는 경제 역동성도 없다 / '비정규직 없는 세상' 외치기보다 '비정규직도 살 만한 세상' 실현해야

대전환을 놓친 사회가 맞닥뜨릴 추락의 조짐이 시작되다 183
'1호 영업사원'이 하는 일이 무엇인가? / 계층 상승의 사다리를 복원하지 못하면 대한민국의 역동성은 꺼질 것

PART 05 반도국가 대한민국의 지정학적 운명
-'전략 외교'만이 살길이다

지속 가능한 독자적 국가 전략이 필요하다 197
국제 정세에 관한 이해와 합의된 국가 전략의 중요성 / 국제 질서 전환기에서의 대응력과 새로운 정치 질서의 필요성 / 진영 간 대리전의 위험, 우리의 미래는?

한국이 국제 사회에서 새로운 리더십을 세우고 국제 공공재를 형성하려면 208
원조를 받던 나라가 원조를 주는 나라가 되면서 생긴 일들 / 자율적인 전략 외교가 중요하다 / 다극 체제로의 전환기, 새로운 패권 경쟁 / 미·중 패권 경쟁, 어떻게 끝날까?

남북한 핵 균형과 통일로 가는 길 220
'강한 나라'의 꿈 - 자주국방과 핵무장 / 북한의 비핵화와 남북 교류, 공포의 균형 / MZ세대의 물음, "남북한 통일, 정말 필요한가요?"

PART 06 제7공화국으로 향하는 제3의 길

'진영병'에 걸린 대한민국 237
인사권의 사유화야말로 이익 카르텔 / 대선은 약탈 전쟁, 자리는 그 전리품 / 돌고 도는 세상에서 나는 제자리를 지킨다

서로에 대한 이해와 인정의 폭을 증진하는 작업이 필요하다 247
보복 정치, 어떻게 해결할 것인가? / 갈등을 잘 해소하면 역동성이 회복된다 / 시민민주주의, 그리고 제7공화국을 향해

아직 실현되지 못한 2017년의 시대적 소명 257
권력의 절대 반지를 파괴해야 하는 이유 / 권력 독점의 욕망으로 권력을 빼앗기다 / '서울의 봄'은 다시 오는가 / 내가 생각하는 시민민주주의란 / 87년 체제는 이제 수명이 다했다-제7공화국의 꿈

나는 누구의 편이 아니라, 국가의 편이고, 국민의 편이다 271
이언주의 제3의 길은 무엇인가? / 제3의 길은 가장 '정의로운 길', '최선의 길'이다 / 상식적이고 당연한 길을 제대로 걸어가고 싶은 바람

PART 01

검찰 정권,
'망국적 진영병'을
만들다

끓어오르는 대중의 에너지를 감당하지 못하고 지배당했던 정권에서 검찰은 대중의 흥분을 자양분 삼아 적폐 청산의 칼을 휘두르고 스스로 영웅이 되어 팬덤을 형성하였다. 결국 검찰은 '권력의 시녀'에서 '권력 자체'가 되어 버렸다. 단순한 검찰 출신이 아니라, 검찰 세력의 집권, 즉 검찰 공화국이 탄생한 것이다. 한마디로 상명하복의 '신권위주의' 시대가 시작되었다.

윤석열 정부의 통치 방식은 정치를 실종시키고 있다. 사법 정의의 실현을 핑계로 '정치의 수사화' 혹은 '정치의 사법화'를 추구했기 때문이다. 가령 이재명 더불어민주당 대표에 대한 수사 진행 상황이 처음 톱뉴스에 뜨기 시작했을 때, 내 주변 사람들은 그것이 사법 정의 실현이라 여겼다.

하지만 일 년 넘게 수사 진행 상황이 생중계되고, 오직 그런 뉴스들만이 단독보도로 쏟아져 나오는 것을 보면서 그렇게 생각했던 사람들도 이내 피로감을 호소하기 시작했다. 검찰이 피의사실공표를 일삼는 여론몰이를 하면서 국정의 주인공 행세를 하는 것에 염증을 느끼기 시작했다. 검찰의 그러한 여론몰이는 법원이 이재명 당 대표의 영장을 기각하고 나서야 간신히 조금 잦아들었다. 일종의 자승자박에 해당하는 사태였다.

정치의 실종

사법 과잉과 경찰국가

윤석열 정부는 초기부터 꾸준히 사법 정의 실현을 국정 최우선순위에 놓고 밀어붙였다. 하지만 지나가는 사람을 붙들고 물어보자. 만약 여론조사를 한다고 했을 때, 지금 대한민국에서 가장 중요한 일이 야당 대표 등 야당 인사들에 대한 수사라고 생각하는 이가 얼마나 될까? 경제도 어려운 데다 국제 정세도 혼란스럽다. 우리 국민은 매우 똑똑해서 지금이 국제뉴스를 중요하고 민감하게 봐야 할 때라는 것도 잘 알고 있다. 대통령과 정부가 이 험난한 정세에 민감한 문제들을 깊이 고려하고 지혜롭게 선도하길 바란다. 그런데 윤석열 정부가 그러한 역할을 하고 있는가? 전혀 관심조차 없어 보인다. 그러니 국민은 불안해진다.

국회에서의 정치권력 싸움도 점입가경이다. 윤석열 정권은 야당하고만 싸우는 게 아니라 여당 내부의 당내 권력 투쟁에 적극적으로 개입하여 날을 세운다. 정권 초에는 이준석을 당 대표에서 축출해 내는 데 몇 개월을 허비했다. 새로운 당 대표 선거에 돌입하자, 유승민 전 의원이 당 대표 후보로 나올까 봐 전당대회 규정을 바꿨고, 전방위로 압박하여 나경원 후보도 주저앉혔으며, 급기야는 공동정부를 구성했던 안철수 후보를 '적'으로 규정했다. 그렇게 무리하게 개입해서 현 김기현 당 대표 체제를 만들어 냈다.

총선을 앞두고는 그마저도 미덥지 않은지 김기현 대표를 주저앉히고는 최측근인 한동훈을 비대위원장으로 앉혔다. 반대 세력이나 비판 세력을 제압할 때도 설득하거나 논쟁하지 않는다. 갑자기 비리 의혹이나 사생활 구설수가 언론에 보도된다. 권력이 사법 형사 정보를 수단이나 전략으로 활용하여 상대방을 제압하고 있는 것이다.

그뿐만이 아니다. 심지어 어떤 사회적 문제가 드러날 때마다 무슨 카르텔 때문이라거나 무슨 집단 때문이라며 겁박하는데, 뚜렷한 근거도 없이 넘겨짚는 바람에 애꿎은 사람들만 가슴앓이한다. 노동조합, 특정 언론, 일타강사, 의료인, 학부모, 교사, 행정전산망을 공급한 중소기업, 심지어 유명 연예인까지…. 우리 사회의 구조적 문제나 시스템의 문제조차도 특정 집단 특정 개인을 표적 삼아 악마화하고 그 원인을 그들에게 뒤집어씌우기 일쑤다. 나중에 아니면 말고 식인데, 저러다 억지로라도 뭔가를 만들어 내는 게 아닌가 싶은 정도다. 이러니 사람들은 전부 슬금슬금 권력의 눈치를 보며 자기 검열을 한다. 이런 게 '공포정치'가 아니면 뭘까?

    정권의 이러한 행태는 사람들의 마음을 얼어붙게 해서 경제와 사회의 활력을 저해한다. 윤석열 정부는 이념적으로 '자유'를 강조하고 경제 영역에서 '규제 완화'를 말하고 있지만, 사법 과잉의 사회에선 '자유'도 쉬이 침해되고 '규제 완화'도 불가능하다. 사법 과잉의 사회로는 서구식 시민주권 사회를 형성하기 어렵고, 경찰국가 비슷한 공포 분위기를 조성하는 사회로 변질될 수밖에 없기 때문이다.

    규제를 완화하려면 소송이 남발되기 이전에 웬만한 분쟁은 조정과 합의를 통해 해결하는 문화가 자리 잡아야 한다. 소송이 남발되지 않고 나름의 '사회적 상식 common sense'에 의해 사회가 돌아갈 때 경제가 발전할 가능성이 커진다. 그런 게 서구식 시민민주주의 사회고, 자본주의 발전의 토대가 되었다.

사법 정의의 칼을 무작정 휘두를 게 아니라 교육과 문화를 통해 규칙과 합의를 존중하는 분위기를 정착시켜야 한다. 창의적인 시도를 하면 번번이 수사받고 소송이 걸릴 수도 있다고 우려되는 사회에선 역동성이 증발하고 담대한 도전이 이루어질 수 없다. 더구나 수사정보를 권력이 장악하여 입맛대로 활용할 수 있는 사회에서는 국민들이 위축되고 경제가 얼어붙는다. 따라서 나는 윤석열 정부의 통치 행태가 우리 사회를 심각하게 퇴보시키고 있다고 본다.

'검찰세력', 왜 문제일까

이러한 통치 행태는 윤석열 정부의 대통령을 포함한 핵심 구성원들이 '검찰 출신'이란 점과 무관하지 않다. 검찰 조직의 상명하복 방식과 정서를 공유하고 있기 때문에 나오는 통치 행태이다. 요즘 국회의원 중에 지나치게 법률가 출신이 늘어나는 것에 대해 문제의식을 느끼는 이들이 있고 이러한 우려에도 어느 정도 동의하지만, 법률가 출신이라고 해서 다 똑같지는 않다. 법률가 중에는 분쟁을 뒤치다꺼리하는 역할을 하는 이들도 있지만, 한편으로는 분쟁을 예방하는 역할을 하는 이들도 제법 있다.

변호사 자격증이 있더라도 꼭 법률가만 하라는 법도 없다. 나는 변호사 자격증이 있지만, 기업에 가서 기업인이 됐다. 아니면 행정가가 될 수도 있다. 이처럼 기업인이나 행정가를 하던 변호사가 만약에 정치를 하게 된다면 일반적인 변호사들과는 다른 결의 행동을 보일 수 있다.

하다못해 같은 법률가라도 판사와 검사와 변호사의 마인드는 각기 꽤 다르고, 검사라도 특수부와 형사부는 다르다. 먼저 변호사는 의뢰인의 입장을 대변해 주는 사람이다. 정치란 의뢰인이 국민인 영역이라 볼 수 있다. 따라서 변호사 출신의 정치인이 국민을 의뢰인처럼 여기고 대변한다면, 권력을 견제하는 역할을 잘할 수도 있다고 생각한다. 한편, 판사의 경우엔 그 직능 행위에서 중립적으로 심판을 보려는 성향이 형성되기 십상이라서 판사 출신 정치인은 흔히 다소 소극적이고 수동적이라는 비판을 받기도 한다.

그러나 판사만 해도 검사와는 사뭇 다른 경험을 하게 되는데, 재판을 하다 보면 합의제 재판도 경험하고 판사들끼리 상의하게 되기 때문이다. 대법원에서 판례를 낼 때도 다수 의견과 소수 의견이 따로 있고, 판결하는 과정에서 대법관들끼리 서로 깊이 있게 논의한다.

하지만 검찰이란 곳은 기본적으로 검사동일체 원칙이 있어서 상명하복이 기본인 조직이다. 일선 검사가 자기 의지로 수사를 하더라도 그 윗선에서 결재하는 검사장이나 검찰총장이 그 수사 방향을 물리치고 새로이 가이드라인을 제시하면 당연히 그쪽으로 흘러가게 된다. 평생을 그렇게 살아왔던 이들이기 때문에 결재하는 이에게 맞추는 습성이 있다. 그리고 그러한 검찰조직의 윗선에서 결재한 이는 본인만이 옳다고 생각하게 된다.

이런 관점에서 본다면, 현 정부가 말하는 '법치'는 '국민의 입장에서' '권력의 자의적 행사를 민주적으로(입법과 사법을 통해) 통제하는' 진정한 의미의 '법치'가 아니라, '지배자 입장에서' 결재하는 검사 조직의 수장이 피지배자인 국민을 통제하고 처벌하기 위한 경직된 법치, 즉 수사로 체득된 윤석열식 법치라고 볼 수 있다.

같은 법치라도 자유민주주의에서의 법치와 봉건전제국가에서의 법치는 다르다. 현 정권에는 마치 고려의 무신 정권과 비슷한 성격이 있다. 나 같은 자유주의자는 지켜보기만 해도 숨이 막힐 것 같은 갑갑함을 느끼게 된다. 물론 검사라고 다 그런 건 아니고, 단순히 검사 출신이라서 문제인 것도 아니지만, 평생 검사, 그것도 특수수사만 하다가 정치의 최정점에 온 사람이 특수부 검찰의 방식으로 통치하고 있어서 문제이다.

하나 더 지적하자면, 검찰세력 그것도 검찰 특수부 윤석열사단의 집권이라는 게 더 문제다. 마치 전두환의 하나회가 군 내부

사조직으로서 군 본연의 역할보다 정치권력 투쟁에 활용된 것처럼 윤석열 사단은 검찰뿐만 아니라, 대통령, 법원, 경찰, 국정원, 금융, 언론방송 등 전 분야에서 수사관련 정보를 공유하고 그걸 권력투쟁에 활용할 위험성을 내포하고 있다. 각종 은밀한 정보를 통해 경제인이나 금융인들을 지배할 경우, 경제마저 부당한 관치가 판치고 사유화될 우려마저 있다. 이제 여당의 비대위원장도 같은 식구가 맡았으니 공천까지 장악하면 국민을 대신하여 권력을 감시해야 하는 국회마저 장악되는 셈이다. 민주주의가 파괴되고 사실상 독재로 가고 있다.

문재인 정부의 적폐 청산이 만든 비극

그런데 이와 같은 윤석열 검찰 정부의 탄생을 이끌어 낸 것이 바로 전임 문재인 정부의 적폐 청산이었다. 시간을 돌려 박근혜 대통령이 탄핵당하기 직전으로 돌아가 본다면, 당시 대한민국은 개혁을 바라는 국민의 뜨거운 열망으로 가득 차 있었다. 이는 시대교체를 바라는 열망이었다. 정치인에게는 그 소용돌이의 한복판에서 시대의 흐름을 읽어 내 안정적으로 작동하는 새로운 질서를 만들어 내야 할 책무가 있었다. 나는 국민의 변화에 대한 뜨거운 열망을 온몸으로 느꼈을 때 부담과 두려움 때문에 모골이 송연했다. 이 열망을 제대로 담아내야 한다는 부담이었고, 여기서 자칫 잘못했다간 크나큰 오판으로 추락할 수도 있다는 두려움이었다.

우리는 대통령 탄핵 과정에서 불거진 국민적 요구, 즉 변화한 시대상에 맞지 않는 과거의 시스템을 걷어내고 새 시대에 맞는 새로운 시스템을 구축하는 작업에 매진해야만 했다. 그 내용을 개략적으로 적어 본다면 다음과 같다. 먼저 권력의 사유화가 불가능한, 국민주권과 공의가 실현되는 정치·사법 시스템을 구축하는 것, 또 권력기관에 대한 민주적 통제가 가능하게 하는 것, 그리고 진정한 '시민민주주의'가 실현되는 방향으로 헌법·사법·선거제·행정 등의 모든 시스템을 개혁하는 것 등이다.

하지만 탄핵 전후 시기 집권이 유력하였던 더불어민주당은 그러한 사명을 저버리고 상대편인 보수를 궤멸하여 '20년 장기 집권'을 실현할 꿈을 꾸고 있었다. 시대 교체의 열망에 부응하는 정치를 해야 한다는 역사적 소명에 대한 두려움이 없었다. 그보다는 상대에 대한 증오가 가득한 채로 새로 출범한 문재인 정부는 개혁해야 할 검찰과 같은 권력기관을 전면에 내세우고 전권을 부여했다. 권력 공백기를 파고들었던 검찰에 적폐 청산의 칼을 쥐어 줬다.

성난 군중에게 증오의 대상으로 전락한 전임 박근혜 정부를 수사하는 박영수 특검과 윤석열 수사팀이 국민적 영웅이 됐다. 윤석열은 당시 박근혜 전 대통령에게 무려 48년 형을 구형했다. 수사 과정에서 1,000여 명이 입건되고 200여 명이 구속되고 5명이 자살했다. 당시 나는 그 과정을 보면서 연민이 들었지만, 그때만 해도 문제의 본질을 정확히 파악하지 못했다.

더불어민주당은 검찰을 개혁한다면서 검찰에 엄청난 힘을 실어 줬고, 언론의 독립을 추구한다면서 언론의 편을 갈랐다. 탄핵 이후의 그 엄청난 국민적 에너지가 방출된 시간을 본인들의 독점적 권력과 기득권을 공고화하는 데 허비했다. 당시 나는 개헌을 포함한 정치 개혁과 낡은 국가 시스템의 개혁에 공감하는 여러 정당을 포괄하는 정치연합을 해야 한다고 주장했지만, 집권 세력은 그들끼리 권력을 독식하는 데 매몰됐다.

탄핵이 거의 확실해지고 권력 교체가 가시화되던 시점, 개혁을 위한 정치연합에 대한 내 거듭된 문제 제기에 어떤 더불어민주당 의원은 "우리가 집권할 거잖아?"라고 반문했다. 한마디로 권력을 잡을 건데 개혁이 왜 필요하냐, 오히려 권력기관이나 언론을 장악해서 권력을 유지하는 데 활용해야 한다는 취지였다. 내가 더불어민주당을 탈당하기 직전에 있었던 일이다.

급기야 문재인 정부에서 검찰총장까지 된 윤석열은 조국 전 장관 일가를 수사하는 등 나중에는 문재인 정부 인사에 대해서도 거침없이 칼을 휘두르며 이번에는 보수 대중의 열광을 이끌어 냈다. 문재인 정부가 국민적 열망을 저버리고 구질서(검찰권위주의)를 더 강화하는 반동의 길로 접어들었을 때, 그 칼은 권력자의 손에서 벗어나 스스로 최고 권력자의 지위에 올라서겠다는 꿈을 꾸게 됐다. 그 꿈이 실현되어 '칼'이 '머리'의 지위에 서서 정점에서 통치하는 사회, 그것이 지금의 대한민국이다.

상대를 죽여야 내가 사는
사법 활극이 판치는 나라

'칼'이 '머리'의 지위에 서게 된 사연

어떻게 그런 일이 생겼을까? 문재인 정부는 그렇다 치더라도 보수 진영의 유권자들은 어째서 박근혜 전 대통령과 보수 인사들을 숱하게 찌른 그 '칼'을 선택했을까? 나는 2022년 대선 전에 누구를 지지해야 할지 혼란스러웠다. 대세는 윤석열 후보였지만, 여러 면에서 의구심이 떠나지 않았다. 당시 평생 보수 정당만 지지하신 어느 어르신이 윤석열 후보를 지지하신다길래, "보수를 궤멸시킨 장본인 아닌가요? 그런데 왜 지지하시는지요?"하고 여쭀다.

나는 윤석열 후보가 제3지대 후보로 나온다면 모를까, 보수 정당에 들어온다는 게 말이 안 된다고 생각했다. 무엇보다 이념을 떠나서 그가 한 수사는 상당히 잔인하고 무도했다. 그런데 그 피해를 본 정당에? 더구나 그가 입당할 즈음 손잡은 보수 인사들(나중에 이들은 '윤핵관'이 된다.)의 면면을 본 나는 의아했다. 왜냐하면 그는 평소 정의를 부르짖었는데, 그 인사들은 대개 구태의연했고 정의와 거리가 먼 자들이었다.

그는 우리가 생각하듯 정의로운 것조차 아닐 수도 있다고 지적했다. 그러자 그 원로께선 '차도살인(借刀殺人, 남의 칼을 빌려서 사람을 죽인다)'이라고 하셨다. 즉, 보수를 궤멸시킨 더불어민주당에 복수하기 위해 더불어민주당 정권이 임명하고 보수 궤멸에 앞장섰던 윤석열 검사를 도구로 쓰겠다는 것이었다.

나는 그 말을 듣고 나서 정신이 번쩍 들었다. 복수를 위해 권력을 잡는다고? 복수의 도구로 쓰기 위해 존경하지도 않는 사람을 옹위한다고? 과거 민주당의 모 의원이 고 노무현 전 대통령의 복수를 위해 정권을 잡아야 한다고 했을 때, 나는 그 마음은 이해하나 복수를 위해 권력을 잡는다면 나라가 불행해지지 않을까 하고 걱정했다. 나는 어르신의 말씀이 그때의 민주당 모 의원에 대한 기억과 포개지며 괴로웠다. 왜들 이래야 하나? 그때 나는 말했다. 그렇게 무리하면 결국 보수는 자멸할 거라고 말이다. 권력은 국민을 위해 생산적인 일을 하라고 주어지는 것이지 복수하라고 있는 게 아니다. 이러한 단순한 이치를 외면해서는 안 된다.

얼마 전에 흥행한 〈콘크리트 유토피아〉란 영화가 있다. 나는 영화를 보는 내내 마치 보수 정당의 현 상황을 보는 듯해 감정이입이 잘 되었다. 작중 이병헌이 연기한 영탁이란 이는 아파트 집 주인을 죽이고 입주자 행세를 하면서 입주자 대표로 선출된다. 그 후 그는 평범한 아파트 주민들을 선동하여 함께 약탈과 살인, 파괴 행위를 서슴지 않는다. 영탁에게 선동당해 행동하던 그 입주자들은 나중에 이병헌이 진짜 입주자가 아니란 걸 알게 된 후 엄청난 충격과 내적 갈등, 혼란에 휩싸이게 되면서 영화가 끝난다. 지금의 보수 정당이 그 영화 속 입주자들 신세가 아니라고 말할 수 있을까?

윤석열 대통령은 '공정과 상식'을 캐치프레이즈로 내걸고 당선됐다. 국민의힘 대선 후보 경선 당시 나는 고민 끝에 타 후보 경선 캠프의 선대위원장을 맡았다. 그때 윤석열 대통령을 지지하지 않는 이유 3가지를 말하면서 차선을 찾아야 한다는 취지의 기자회견을 했다. 첫째, 평생 검찰, 그것도 특수부 검찰에만 있다가 갑자기 신데렐라처럼 대선 후보가 되어서 국정을 운영할 준비가 전혀 되어 있지 않다는 것, 둘째, 이른바 '본부장(본인·부인·장모) 비리' 의혹 때문에 '공정과 상식'이란 캐치프레이즈가 무색하다는 것, 셋째, 보수 궤멸의 장본인을 내세워 집권했을 때 과연 내적 통합이 될 것인가, 결국은 보수는 그로 인해 자멸할 것이라는 취지의 지적을 했다.

박근혜 탄핵이라는 한바탕 폭풍우가 벌어진 이후에도 문재인 정부는 개혁과 통합보다는 적폐 청산의 보복을 계속했다. 그리고 다시 정권 교체를 통해 윤석열 정부가 탄생한 뒤에도 다만 공수를 교대해서 여전히 같은 일이 계속되고 있다. 정권 교체가 일어났지만, 두 정부에서 일어난 보복의 주역은 우습게도 동일인이다. 양 정치 세력이 정치 본래의 목적을 망각하고 오로지 권력 그 자체를 위한 욕망과 적개심에 불타면서 아이러니하게도 그들이 쓴 칼, 즉 도구였던 검찰이 스스로 권력의 정점에 서게 되는 괴이한 결과를 빚어냈다.

'공정과 상식'은 무너지고, '망국적 진영병'이 오다

배임이니 제3자 뇌물이니 하는 죄목은 대부분 형사보다는 민사로 손해배상 책임을 물어야 하는 경우가 많다. 설사 가중배상을 하게 되더라도 말이다. 미국 법에는 비즈니스에 '경영적 판단^{business}

judgement'의 영역이란 게 있다. 예를 들어 어떤 굉장히 어려운 상황에서 경영적 판단을 할 때, 그 과정에서 정당하게 최선을 다해서 판단했으면 결과적으로 잘못됐다고 한들 책임을 물어선 안 된다는 것이다. 설령 잘못된 결과에 책임을 진다고 해도 그것은 민사나 상사의 문제지 형사상 책임은 아니라는 것이다. 나는 이러한 원칙이 지켜지는 것이 미국에서 자유로운 시장경제가 발달할 수 있었던 배경이라 생각한다.

지금 우리나라에선 한때의 판단을 나중에 다시 보고 잘못하였다면서 형사적으로 단죄하려는 경우가 많다. 그래서 공직사회에 대해선 직권남용을, 기업에 대해선 업무상 배임을 적용한다. 나는 예전부터 기업 경영의 문제에 대해 걸핏하면 업무상 배임의 이름으로 처벌하는 건 곤란하다고 주장해 왔다. 특히 경영자가 개인적으로 얻은 이익이 없는데도 회사의 손해에 대해 결과적인 책임을 묻는 것은 바람직하지 않다.

고의성이 뚜렷하지 않은 상태에서 경영자가 판단을 잘못해서 결과적으로 회사가 손해를 입으면, 이사회나 주주들이 민사적으로 배상 책임을 물으면 될 일이다. 또한 선진국은 책임보험 같은 제도를 통해 리스크를 헤지^{hedge}하는 시스템을 갖추고 있다. 그러지 않고 검사들이 쳐들어가서 압수수색을 하고 처벌하는 게 일상화되면 어떻게 될까. 기업은 책임보험 제도를 만드는 게 아니라 검찰과 권력에 '보험'을 들려고 할 것이다. 그래서 스폰서가 생기고 뇌물이 생기고 로비가 만연하게 되는 것이다. 윤석열 정부 탄생 이후로는 기업의 사외이사 거의 전부를 검사 출신들이 차지하게 됐다는 소문이 이미 자자한데, 그 이유가 뭐겠나?

돌이켜 보면 검사 윤석열에게는 더불어민주당도, 국민의힘도 본인이 권력을 사유화하기 위한 그릇에 불과했던 듯하다. 일개 검찰 고위직에 불과했던 그에게 이렇게까지 정치가 농락당할 수 있었던 이유는 바로 거대 양당이 상대를 치기 위해 '검찰의 칼'이 필요했기 때문이다. 그리고 거대 양당의 열성 지지층, 군중은 망국적인 '진영병'에 걸려 패싸움에 취한 나머지 상대를 죽이는 검찰의 칼끝에 환호를 보냈고, 정치인들은 그걸 이용했다. 부끄럽지만 나도 다르지 않았다.

'망국적 진영병'에 도취된 권력과 군중은 그간 우리 사회가 그나마 이루어 낸 성취, 사회적 합의의 메커니즘을 파괴하고 있다. 개인의 창의성과 시장경제의 역동성은 사라지고 국운이 본격적으로 추락할 판이다. 움츠러든 것은 시장경제만이 아니다. 여러 군데서 전해 들은 바에 따르면, 두 개 정부에 걸쳐 연속적으로 이어진 적폐 청산 수사 때문에 공무원 사회는 전반적으로 책임을 지지 않기 위해 아예 업무(특히 선례가 없는 업무)를 기피하는 풍조가 정착했다고 한다. 사람들은 막연하게 검찰공화국이 나쁘다고 생각한다. 하지만 검찰공화국은 진영병을 악화시키고, 권위주의 사회를 만들어 개인의 창의성, 경제의 역동성, 공무원들의 적극행정, 책임행정을 방해한다는 데 생각이 미치면 그게 얼마나 심각한지 알 수 있다.

윤석열 대통령이 남을 단죄하는 게 자연스러울 만큼 그렇게 도덕적인 사람이기는 할까? 판결에 따르면, 윤석열 대통령의 장모는 도촌동 땅 매입 과정에서 잔고증명서를 여러 차례 위조했다. 그중 한 장은 법원에 제출됐기에 소송사기가 성립했다. 소송사기는 무기징역까지 받을 수 있는 중범죄다. 하지만 검찰은 소송사기를 기소하지 않았다. 대선 당시 윤석열 후보는 사람들이 장모 비리를 지적하자 "누구한테 10원 한 장 피해 준 적 없다."라며 펄펄 뛰었고, 도리어 지적하는 사람들을 문제 삼았다. 그 해명은 이제 새빨간 거짓말로 판명됐지만, 그때도 지금도 제대로 된 해명이나 반성은 없다. 김건희여사의 주가조작의혹도 심각하다. 다른 공범들은 전부 유죄를 선고받았는데 김건희여사만 수사가 전혀 진전되지 않고 있다. 그러니 특검을 요구하는 여론이 꽤 높은데도 거부권을 행사한다면 대다수 국민들은 수긍하지 못할 것이다.

우리 국민은 윤석열 대통령이 국정 운영 능력이 부족하다는 건 알았어도 '공정과 상식'만큼은 실현될 거라 기대했는데, 그의 '공정과 상식'은 자기 문제는 쏙 빼놓고 비켜 가는 것이었을 뿐이다. '공정과 상식'은 처가 문제뿐만 아니라 이미 곳곳에서 무너지고 있다. 여당 장악과 공천 줄 세우기, 관료 줄 세우기, 반대파에 대한 사법적 도륙, 그리고 해병대 채수근 상병 사망 수사 사건에 대한 개입 의혹 등 말하자면 한도 끝도 없다. 검찰 정권은 '망국적 진영병'을 만들었을 뿐, '공정과 상식'을 세우는 데도 실패했다.

대통령이 취임한 지 1년 반이 되도록 가장 중요한 정치 아젠다는 야당 대표가 구속되느냐 아니냐이다. 법무부 장관과 야당 의원들은 국민이 카메라 너머에서 지켜보는데도 서로 경박한 입씨름을 하며 사법 활극을 벌이고 있다. TV만 틀면 '누가 구속되었다, 누가 뭘 고소했다.' 등등의 보도로 넘쳐난다. 법무부장관이나 경찰청장은 피의사실공표를 하면서 언론플레이에만 열중한다.

그런데도 정치가 그런 건지, 보도가 그런 건지, TV만 틀면 국민의 삶과 직접 관계가 없는 정치권과 비판 기사를 낸 언론사, 정치권을 후원한 기업인들에 대한 수사로 가득하다. 수사를 하지 말라는 게 아니라 정도를 지키라는 거다. 수사상황을 실시간 생중계를 하며 언론플레이를 하고 그걸 통해 어떤 정치적 목적을 실현하려 해서는 안 된다는 것이다. 그 수사가 과연 사법 정의의 실현만을 위한 것일까? 국민은 이제는 다 알고 있다. 수사 이면에는 권력 투쟁이 자리 잡고 있다는 걸 말이다. 이제는 수사나 재판이 '무엇이 진실인가?'가 아니라, 그 의도가 뭐고 그 결과로 권력관계가 어떻게 바뀌는지에 초점이 맞춰져 있다.

정치 혐오, 아이들 교육에조차
악영향을 미친다

국민은 이미 지금의 정치에 대해 냉소적으로 인식하기 시작했고, 자연스럽게 정치 혐오가 커졌다. 우리가 미처 주목하지 못하는 문제 중 하나는 이것이 아이들에게 미치는 영향이다. 내가 아는 한 훌륭한 교육자분이 해 주신 얘기인데, 교육 현장에서 보면 최근 정치권의 볼썽사나운 사법 활극이 아이들의 가치관에 안 좋은 영향을 미치고 있다고 한다. 정치권에서 보이는 권력 투쟁의 성격이 내가 잘하기보다 남의 약점을 잡아채서 끌어내리거나 남을 중상모략해서 주저앉히는 쪽으로 변질된 상황에서 아이들은 '경쟁'이란 기본적으로 그렇다고 생각하기 시작했다는 것이다.

실제 주위 사람들의 말을 들어봐도 요즘 사회에서 그런 풍조가 만연하는 것 같다고 한다. 예를 들어 대학 입시 관련 뉴스를 봐도 경쟁자의 실수를 제보해서 탈락시켰다는 얘기가 종종 나온다. 아이들은 이런 뉴스들을 보고 들으며 자랄 수밖에 없다. 내가 이기기 위해서는 내가 열심히 하는 것보다도 남의 약점이 있나 살펴보고 잡아채는 게 정석적인 전략이라고 생각하게 됐다. 지난 대선 때 어른들이 벌인 선거전이 바로 그런 것이 아니었나? 아이들에게 뭐라 할 말도 없다. 정치가 국민에게 미치는 영향이 굉장히 큰데, 그중에서 아이들에게 미치는 악영향에 대해서도 생각해 봐야 한다고 본다.

요즘은 기업을 다룬 영화나 드라마를 봐도 그런 식이다. 예를 들면 주인공이 경영권 다툼을 하는 이야기가 나오는데, 기업가 정신을 발휘하거나 창의적인 제품을 개발하고 열심히 노력해서 회사를 설립하고 회장이 되는 게 아니다. 정보원을 붙여서 자기 경쟁자의 뒷조사를 하고 흠을 잡고 누명을 씌워 감옥에 보내고, 자신만 승승장구해서 회장이 된다는 너무 적나라한 스토리가 등장한다. 경쟁에서 이기는 법이 어떤 것인지에 대해 우리 사회, 특히 정치인들이 아주 안 좋은 방식을 가르치고 있다.

대통령부터가 사법 형사 사건을 수단이나 전략으로 활용해서 상대방을 제압하는 행태가 기본이 된 세상 아닌가? 근본적인 문제로 돌아오자면, 충분히 검증되지 않은 이들이 너무 높은 자리를 두고 경쟁하는 우리 정치 풍토부터가 문제다. 대통령이나 단체장, 국회의원이 되려면 젊을 때부터 정치 훈련을 받으며, 검증을 거쳐서 올라와야 한다고 생각한다.

검찰 공화국, 상명하복의 신권위주의 시대의 등장

상명하복의 문화가 나라를 망친다

우리 사회는 오래전부터 유교적 전제군주 시대를 거쳐 식민 지배, 군사 정권과 개발독재를 거쳐 왔다. 본래 흥이 많고 끼가 많은 한민족이지만, 그런 정치적 세파 속에 시달리다 보니 권력과 힘에 복종하고 눈치를 볼 수밖에 없었다. 더구나 군사 문화, 즉 권위주의 시대가 끝났는데도 우리는 2000년대 후반부터 검찰과 운동권 양 세력, 즉 신권위주의와 집단주의가 부딪히는 시대로 이어지면서 상명하복의 관료적 문화는 여전히 강고하다. 더구나 적폐 청산이 검찰의 칼을 이용한 정치적 보복의 공포정치로 행해지면서 상명하복의 권위주의 문화는 더 심해졌고, 오늘날 우리 사회의 모든 적폐의 근원이 되었다.

문재인 정권의 조급증에서 비롯된 무리한 소주성(소득주도성장), 인국공(인천국제공항 비정규직 정규직화) 사태, 부동산 난맥상에서부터 윤석열 정권의 이태원 참사, 오송 지하차도 참사, 해병대 채 상병 사망, 잼버리 사태, 오염수에 대한 대응, 엑스포 유치 실패에 이르기까지의 공통점이 뭘까? 주변에 의견을 구해 보면 대부분 예측할 수 있었던 문제들이 사전에 걸러지지 못했다. 나중에 사고가 나고 나서, 문제가 불거지고 나서 복기해 보면 문제가 있다는 얘기들이 나왔지만 묵살된 경우가 대부분이다. 왜 그럴까? 윗사람 눈치 보며 해야 할 말, 쓴소리도 제대로 못 하고, 본연의 책임과 양심보다 윗사람의 심기보전에 몰두하며, 본연의 책무도 아닌 일을 윗사람에게 잘 보이기 위해서 무리하게 밀어붙이고, 진실도 옳은 판단도 직시하지 못하고 쉬쉬하며 눈치나 보는 상명하복의 관행이 관료 사회와 정치, 모든 공적 분야에 만연해 있다.

나는 적폐란 표현이 과격해서 안 좋아하지만, 굳이 따지자면 이런 상명하복의 관행이야말로 박근혜 전 대통령 탄핵 당시 국민의 "이게 나라냐!"란 외침에서 개혁해야 할 핵심이었다. 가장 심각한 적폐였다. 그 상명하복의 관행이야말로 대통령의 권력 사유화,

무리한 직권남용과 측근 비리, 가족 비리 등이 가능해진 원인이었다. 그런데 그 이후 집권한 문재인 정권에서 적폐 청산이 사회적 자성보다는 검찰의 칼로 잔인하게 마녀사냥하는 방식으로 이루어지는 바람에 아이러니하게도 문 정권 이후 상명하복의 관행은 더 심각해졌다. 관료 사회나 정치권이 더 공포에 질려 상명하복이 아니라 아예 납작 엎드려 기는 수준이 되어 버린 것이다. 결과적으로 적폐는 청산된 게 아니라, 극대화되고 말았다.

경제경영 부문에서 모방과 제조로 개발도상국에서 선진국이 된 우리나라 같은 나라는 'best follower'가 아닌 'best creator'가 되어야 한다는 말을 귀에 딱지가 앉도록 들어왔을 것이다. 사실 국민소득 3만 달러가 넘으면 그다음부터 한 단계 도약하기 위해서는 창의성과 역동성이 관건이란 건 상식이다. 그런데 경제, 즉 하부 구조는 정치, 즉 상부 구조와 연동된다. 즉, 기존의 권위주의 시대를 졸업해야 창의적이고 역동적인 경제가 된다는 것이다. 발칙한 아이디어, 직설적인 문제 제기, 격렬한 논쟁과 토론을 할 수 있는 열린사회로 우리는 가야 한다. 결국 당면한 검찰의 시대, 상명하복의 신권위주의 문화를 어떻게 극복하느냐에 대한민국의 미래가 달려 있다. 더 이상의 검찰시대, 권력기관의 정치개입을 우리가 용인해서는 안 되는 이유이기도 하다.

'권력의 시녀'에서 '권력 자체'가 되어 버린 검찰

군사 쿠데타 이후 대한민국은 군사 정권이 오랜 기간 지속했고, 일사불란한 군사 문화가 우리 사회를 지배해 왔다. 민주화 이후 세계화의 물결 속에 대한민국은 자유와 풍요가 넘쳤지만, 운동권 세력이 정치권 전반에서 득세하면서(더불어민주당만이 아니라 보수정당의 뉴라이트도 마찬가지다.), 운동권 특유의 집단주의 문화, 즉 끼리끼리 문화가 만연했고, 경제, 노동, 문화예술, 언론, 학문, 과학 등 사회 전 분야에서 정치 과잉 현상이 일어나고 권력 투쟁이 발생했다. 문자폭탄과 홍위병 정치, 팬덤 정치의 폐해는 더 심해졌다. 어느 분야나 정치와 권력 투쟁의 성격이 없을 수 없지만, 도가 지나친 상황이 되었다. 세계화 시대의 X세대, 디지털 시대의 MZ세대가 가진 개인주의적 성향과 정치·사회·문화적 괴리가 심해졌다.

대통령 탄핵 사건은 권력의 사유화가 아닌 국민주권, 권위주의 정치가 아닌 시민민주주의, 집단보다 개인 존중의 시대를 열어야 한다는 시대정신의 발현이었다. 박근혜 대통령과 그 주변의 잘못도 있겠지만, 더는 대한민국에 그런 권위주의는 통하지 않음을 보여 준 사건이었다. 그런데 안타깝게도 그 중요한 시점에 우리는 거꾸로 가 버렸다. 군중의 분노와 흥분 속에 우리 모두 시대를 통찰하지 못했다. 더구나 그 시대정신을 등에 업은 문재인 정권과 집권 세력은 권력 장악을 통한 장기 집권과 노무현 정권 때 실현하지 못했던 철 지난 진보 정책들에 집착했다.

끓어오르는 대중의 에너지를 감당하지 못하고 지배당했던 정권에서 검찰은 대중의 흥분을 자양분 삼아 적폐 청산의 칼을 휘두르고 스스로 영웅이 되어 팬덤을 형성하였다. 결국 검찰은 '권력의 시녀'에서 '권력 그 자체'가 되어 버렸다. 단순한 검찰 출신이 아니라, 검찰 세력의 집권, 즉 검찰 공화국이 탄생한 것이다. 한마디로 상명하복의 '신권위주의' 시대가 시작되었다.

다시 우리 사회는 얼어붙기 시작했다. 언론인, 학자 등 이른바 지성인들은 말과 글에 자기 검열을 하고, 기업인들은 세무조사를 두려워하게 되었다. 사라졌던 관치금융이 본격화되었으며, 정치인들은 자존감과 기개를 잃고 권력의 눈치를 보며 줄 서는 정치가 일상화되었다. 물론 이런 상황은 지난 정권에서도 그랬다. 아이러니하게도 같은 검찰 권력의 주도로 말이다.

언론은 본연의 취재와 비판보다 눈치 보며 권력을 찬양하는 이른바 '땡윤뉴스'로 가득하다. 외교도, 대북 관계도 모두 얼어붙었다. 이 정권 최대의 수출 효자는 '무기'라는 말이 공공연히 나온다(물론 방산 산업의 성과도 중요하지만, 이 산업은 여타 제조업보다 규모가 작을 수밖에 없다). 기업의 사외이사에도, 금융감독원장을 비롯한 장·차관 자리에도 사방에 검찰 출신이다. 공무원도 창의적이고 소신 있는 분들보다 말 잘 듣고 아부 잘하고, 줄 잘 서는 사람들이 발탁된다.

　탄핵 이후 사회 변혁의 기운에 우리는 응답했어야 했다. 과거의 군사 문화, 운동권 문화를 벗고, 새로운 시대에 맞는 새로운 질서, 새로운 문화를 구축했어야 했다. 치열한 논쟁 끝에 합의와 조정이 되면서 사회 에너지가 모일 수 있는 사회, 개성과 끼, 역동성과 창의성이 넘치는 사회로 가야 했다. 정치뿐만 아니라, 경제도, 문화예술도, 학문도 모두 그런 방향으로 가야 우리 대한민국이 한 단계 더 도약할 수 있는 길이라는 걸 모두가 알고 있다. 그런데 불행히도 반대로 갔다.

　국회의원도 권력기관인 검경 출신이 득세한 결과, '국민의 편에서 권력을 민주적으로 통제'하는 게 아니라, '권력의 편에서 국민을 통제'하고 있지 않은지 돌아봐야 한다. 국회, 즉 의회는 여든 야든 권력을 민주적으로 통제하는 것이 주 임무인 곳인데 말이다. 그러고 보니 87년 민주화 이후 36년이 지난 지금 신권위주의 시대의 도래가 말이 되나? 87년 민주화가 얼마나 미완이었는지, 진보 세력은 얼마나 기득권에 안주했는지, 보수 세력은 얼마나 역사의식이 없는지 알 수 있다.

검찰 시대: 상명하복의 '신권위주의', 끼리끼리 '집단주의'를 극복하고 시민민주주의로!

대한민국의 당면한 과제는 하나, 대통령 등 정치권력의 비대함에 따른 상명하복의 권위주의 문화, 둘, 우리가 남이가 식의 패거리 집단주의 문화를 극복하는 것이다. 이 두 가지 고질적 병폐를 극복하지 못하면 우리는 끊임없이 국가중대사에서 잘못된 결정을 반복할 것이고, 국가의 미래는 어두울 수밖에 없다.

아시아 특유의 집단주의적 농경문화의 뿌리부터 수탈과 공포, 전쟁과 혼란기 끝에 온 군사 정권의 오랜 철권통치의 역사는 이 땅에 상명하복의 권위주의와 패거리식 집단주의를 낳았다. 영화〈서울의 봄〉에서 보는 하나회는 상명하복과 패거리 문화의 정점을 보여 줬다. 1987년 민주화 이후 그 병폐는 약해지는가 했지만 다시 살아났다. 형식적 민주화에 취해 문제의식이 약했던 탓이다.

보수 세력은 강력한 힘의 권위주의와 우리가 남이가 식의 패거리 문화에 대한 향수에서 벗어나지 못했는데, 문제는 민주화 세력 역시 민주화 운동 과정에서 형성된 전대협, 한총련 등 운동권 패거리 문화와 내부적 권위주의에서 벗어나지 못했다는 점이다. 양쪽 모두 다른 이견을 허용하지 않는 독재의 DNA, 운동권의

DNA를 벗어나지 못했다.

　민주화 이후 역대 대통령 중 그런 권위주의와 집단주의에 대해 문제의식이 있었던 유일한 대통령이 노무현이었다. 그러나 그의 사후 민주당은 그 문제의식을 잊은 듯하다. 이렇게 맹목적 상명하복과 끼리끼리 문화에 대한 문제의식, 그런 문화가 경제 및 문화예술체육까지 좌우하는 데 대한 반감…. 그 민심이 폭발한 게 세월호 사건 이후 박 대통령 탄핵이었다. 그런데 이후 집권한 문재인 정권은 시대의 흐름을 읽지 못한 채 "이니 마음대로"란 집단주의에 취해 권력을 누리고 끝났다.

　결국 역사는 반동과 퇴행을 거듭했고 우리는 검찰 정권의 독재를 마주하게 되었다. 검찰식 상명하복에 누구 하나 한마디도 못하고 대통령 비위 맞추는 데 급급하고, 윤석열 사단식 패거리 문화가 국정 곳곳에 스며들어 있다. 과거와 같은 육체적 고문은 아니지만 정보를 장악하고 수사를 위협해 사람들을 위축시키고 침묵하게 하며 비굴하게 만든다. 사람들의 정신을 지배하고 자유를 억압하고 있다.

　이런 상명하복의 권위주의와 패거리식 집단주의 문화는 현 정권의 국정 실패 곳곳에 자리잡고 있다. 서오남 혹은 술친구, 혹은 윤석열 사단으로 상징되는 인사가 패거리 문화의 참상이다. 이태원 참사와 오송 지하차도 참사 등은 국민보다 윗사람 눈치에 급급한 상명하복 문화의 참상이다. 잼버리 실패, 엑스포 유치 실패도 마찬가지다. 상명하복으로 인해 진실이나 이견을 개진하지 못하고 자유로운 토론이 허용되지 않는 문화가 되어 현실을 직시하지 못했다. 해병대 채 상병 순직 건도, 홍범도 장군 흉상 건도 다 마찬가지다. 윗사람에게 "No."라고 말하지 못하는 상명하복 문화, 그렇게 "No."라고 말하는 구성원을 불편해하는 끼리끼리 문화가 나라를 망치고 있다.

박근혜 정권 때의 전경련의 정경유착도, 최근 대통령이 재벌들을 대동하여 떡볶이 먹방을 한 사례도 상명하복 문화의 전형적 폐해이다. 이런 집단은 어떤 결정을 할 때 리더에게 듣기 좋은 정보만 보고하고, 자유로운 토론이 안 되고 집단지성을 발휘할 수 없어 잘못된 결정을 반복하기 마련이고 국가의 미래에 큰 비극을 초래한다. 과거 개발독재 시대에도 그러지 않았냐 하겠지만, 그때와 달리 지금의 선진국 대한민국은 이미 소수 엘리트 집단이 일방적으로 이끌고 갈 수 있는 수준을 넘어섰다.

민주화 이후 대한민국은 대통령 등 정치권력의 비대함을 해소하고 상호 견제에 입각한 탈권위주의 문화를 뿌리내려 누구든 자기 의견을 자유롭게 개진할 수 있고 토론이 가능한 열린 문화를 정착시켰어야 했다. 이미 세계적 수준에 도달한 경제와 문화예술 체육 등의 분야를 정치권력의 리스크로부터 해방시키고 예측 가능한 사회를 만들었어야 했다. 그런 방향으로 개헌도 하고 교육도 개혁하고, 검경 등 권력기관도 개혁하고 방송언론의 독립성도 보장했어야 했다. 그리고 상명하복과 패거리 문화와 거리가 먼 리더들, 검경 등 권력기관 출신이나 운동권 출신이 아닌, 그 세력들과 패거리 짓지 않은 새로운 리더십을 키웠어야 했다. 늦었지만 지금이라도 그 길로 가야 한다. 그 길로 가지 않고서 어떻게 온전히 자유민주주의를 꽃피우고 선진국으로서 번영할 수 있을까.

PART 02

기회주의적
'윤석열 포퓰리즘', 우회전
깜빡이 켜고 좌회전?

우리 정치에서 가장 부족한 걸 하나 꼽자면 무엇일까?
나는 '공적 의지Public mind'라고 생각한다.
'공적 의지'의 반대말은 '권력의 사유화'일 것이다.
그런데 윤석열 정부는 심각하게 권력을 사유화하고 있다.
그리고 행정부 권력만 사유화하는 것이 아니라 집권 여당을 사당화함으로써
국회 무력화 등 입법부 권력에도 큰 영향을 미치고 있다.

검찰 정권의 무단 통치에 사람들이 질리고 민생 문제의 해결을 요구할 때, 윤석열 정부는 어처구니없는 포퓰리즘적 대책을 남발한다. 이를 '윤석열 포퓰리즘'이라 이름 붙일 만하다.

윤석열 포퓰리즘의 가장 큰 특징은 '기회주의적 포퓰리즘'이다. 어느 때는 지나치게 원리주의적이었다가, 그러한 태도 때문에 인기가 떨어지면 불쑥 극단적 포퓰리즘을 향한다. "이념이 가장 중요하다."라고 하다가 갑자기 "이념보다 민생이 중요하다."라고 말하는 둥 널뛰기하듯 수시로 바뀐다. 평소에 균형 재정을 부르짖다가도 때때로 재정을 많이 사용할 수밖에 없는 선심성 정책을 남발한다. 대선 공약에선 첨단 기술을 선점하겠다고 했으면서 갑자기 R&D 예산은 대폭 삭감한다. 기업경영의 자유, 자유시장경제를 부르짖다가 재벌총수들을 대통령 떡볶이 먹방 행사에 동원한다. 한마디로 아무런 체계도 없고 일관성도 없다.

이런 기회주의적 포퓰리즘은 사회의 예측 가능성과 신뢰를 떨어뜨리므로 자본주의 경제에서 치명적이다.

때로 우회전 깜빡이 켜고 좌회전하기도 하는데, 지지층 성향과 맞지 않아 정책의 각인 효과조차 미미하고, 애초에 포퓰리즘이라 이슈화에는 성공할지 몰라도 근본적이고 구조적인 해법과는 거리가 멀다. 우회전 깜빡이 켜고 좌회전이라도 제대로 하면 소득 재분배 효과라도 있을 텐데, 진지하게 숙고하거나 신념이 있어서 추진한 게 아니다 보니 논의하는 과정에서 시끄럽기만 하고 제대로 실현되지도 않는다.

예를 들어, 부동산가격 하향안정을 공약하고서도 둔촌재건축 미분양 물량을 정부가 매입하는 등 부동산가격을 정부가 떠받치려 하거나, 시중은행들의 수익성이 악화될 게 뻔한데도 해외 무기판매를 위한 금융지원과 금리인하를 유도하는 등 시장경제원리에 반하는 관치경제가 만연하다. 분명 포퓰리즘이지만, 자유를 확장하는 보수적 포퓰리즘도, 경제적 약자를 위한 진보적 포퓰리즘도 아니고, 기득권층을 위한 포퓰리즘에 불과하다.

나는 문재인 정부 시절의 설익은 소득주도성장, 부동산 규제, 시혜적 비정규직 정규직화(이른바 '인국공 사태'를 만들어 낸) 등의 경제 정책을 강하게 비판했다. 이러한 정책들은 시장을 교란하고 불안정과 불공정을 심화해 많은 중산층이 정권에 등을 돌리게 했다. 정부의 무분별한 시장 개입은 도리어 부동산 가격 급등을 야기했고, 마음이 급해진 젊은이들은 '영끌' 대출로 부동산 구매 붐에 올라탔다. 자본주의에서의 정상적인 욕망조차 죄악시하는 정책과 시장의 작동 원리에 대한 이해 부족으로 인해 '선한 의도'는 '악한 결과'를 가져왔다. 그 결과 민주당의 주력 지지층이었던 수도권 중산층이 이탈했고, 정권은 5년 만에 교체됐다.

하지만 그렇다고 오늘날 국민의 불만이 해소된 것은 아니다. 문재인 정부의 설익은 정책이 사라진 자리에 '윤석열 포퓰리즘'이 들어섰기 때문이다. 그 대표적인 사례가 최근 논란이 된 수능 킬러 문항과 일타강사 죽이기, 경기도 김포시 서울 편입 논란, 공매도 전면 금지 조치 등이다.

공론화 과정을 생략한
마구잡이 포퓰리즘 정책

김포시 서울 편입 문제

먼저 김포시 서울 편입 논란부터 살펴보자. 이 이슈는 집권 여당이 국민을 쉽게 보고 잔머리를 굴린 행위라는 비난을 면하기 힘들다. 김포시가 서울로 편입된다고 김포 땅이 서울의 중심지로 공간 이동하지는 않는다. 강서구보다 더 서울 외곽에 있는 하나의 구가 될 뿐이다. 문제는 김포 골드라인 5호선 연장 등 도시 인프라에 대한 투자인데, 이런 문제에서 서울시 자치구는 경기도 자치시보다 행정 재량이나 재정 문제에서 유리하지 않다.

추산에 따르면, 김포시가 서울시 자치구가 될 경우, 지방세수 규모는 최소 2,587억 원이 줄어든다고 한다. 행정 재량과 재정 및 자치권 면에서 광역시 산하의 구보다 광역도 산하의 시가 더 낫다. 이것은 수도권에서 정치해 본 이라면 누구나 경험적으로 아는 사실이다. 집권 여당의 지도부가 이런 문제도 확인하지 않고 정책을 막 던져대고 있다는 얘기인데, 믿어지지 않는 수준이다. 제대로 된 검토 없이 혹여 집값이 오를지도 모른다는 김포 주민들의 욕망을 자극하고 다른 국민들을 현혹해 혼선을 야기하고 싸움을 붙여 정치적 이득을 꾀하는 저급한 행위일 뿐이다.

분당, 용인, 광명 등 수도권 신도시에서 출퇴근을 오래 했던 내 경험에 따르면, 경기도 신도시 거주민은 주거 환경에 비교적 만족하는 편이다. 어떤 지점에선 복잡하고 노후한 서울보다 더 좋다고 볼 여지도 있기 때문이다. 문제는 교통과 교육이다. 수도권 주민의 박탈감을 해결하기 위해서는 서울을 확장하겠다고 할 게 아니라 GTX, 신분당선 등 수도권의 각종 급행열차에 대한 투자부터 늘리고 교육 여건을 개선해야 한다.

그렇다고 서울 인접 신도시들만 선택적으로 서울에 편입시킨다는 게 말이 안 된다. 차라리 서울과 경기도를 통합하자고 주장하는 게 더 말이 될 것이다. 그런데 이런 문제 제기에 대해서도 아무런 대답을 못할 정도로 고민의 깊이가 얕았다는 게 더 놀랍다.

행정구역 개편을 공론화하려면 국가백년지대계 차원에서 지방소멸을 고민하는 종합적 개편안을 내놔야 할 게 아닌가?

지방이 아닌 수도권에서도 행정구역 개편의 필요성은 있다. 예를 들면 서울특별시의 기초자치단체가 과거 교통 발달이 지금보다 못하고 생활권이 매우 협소할 때 만들어져 영역이 너무 작다는 문제가 있다. 이 경우 서울시 자치구청을 5~6개씩 묶어 100만여 인구 단위로 통합하고 자치권을 대폭 이양하여 그 산하에 작은 임명직 구청장을 두는 방안을 생각할 수 있다. 기타 광역시의 구청들도 2~3개씩 묶는 방안을 고민할 수 있다.

지금의 구청들은 재정이 열악해서 재량껏 쓸 수 있는 예산이 거의 없고 사실상 위임사무만 할 수 있다. 그러니 사업다운 사업은 엄두도 내지 못하고, 고작 할 수 있는 일이 지역별로 차별성도 없는 고만고만한 홍보용 축제나 행사 정도에 머문다. 행정구역 개편을 한다면 이런 문제를 종합적으로 고려해야 하지 않을까?

사회적 합의 없는 마녀사냥식 밀어붙이기

어느 날 갑자기 수능 킬러 문항이 도마 위에 올랐다. 대단히 뜬금없는 일이었다. 대학입시 요강의 변경은 최소한 3년 전에 하도록 되어 있다. 물론 이로 인해 입시의 큰 틀이 바뀐 것은 아니다. 하지만 수학에서 킬러 문항을 없애야 한다며 갑자기 '사교육 카르텔'까지 거론했다. 대통령이 수능까지 함부로 건드리는 행태를 몇몇 유명 일타강사가 비판하자 이제는 일타강사들에게로 타깃이 옮겨갔고, 갑자기 세무조사를 한다고 난리가 났다. 그런데 어차피 수능이든 뭐든 시험이란 건 실력 변별을 해야 하는 것이므로, 결과적으로 올해 치러진 수능에선 킬러 문항이 없어진 대신 전체적으로 고난도의 문제가 많이 출제되었다. 어떤 식으로든 일정한 변별력이 있어야 하기 때문이었다. 킬러 문항을 없앴다는 얘기에 수능이 쉬울 것을 기대한 수험생들은 뒤통수를 맞은 셈이 되었다.

본래 어떤 문제가 제기되어 개선하려면 그 문제가 왜 생기는지, 구조적 문제는 뭔지, 개선은 가능한 것인지, 대안과 부작용은 뭔지 등등에 대한 깊이 있는 분석 및 전문가와 이해관계자의 공론화 과정이 필요하다. 그런데 불쑥 즉흥적으로 문제를 제기하고 즉흥적이고 단순한 해법을 내놓다가 갑자기 희생양을 만들어 마녀사냥해서 대중의 분노를 몰아간다. 윤석열 대통령은 검찰 재직 시절에 문재인 정부의 적폐 청산 때도 정확히 똑같은 행동 패턴을 보였다. 예측 불가능하고, 불안정하며, 감정적이고, 즉흥적이다. 이는 행정에서 절대 있어서는 안 되는 접근법이다.

공매도 전면 금치 조치 역시 비슷하다. 공매도 제도에 대해서는 나도 문제의식이 있다. 그 핵심은 기관투자자들을 포함한 외국인들과 국내 '개미투자자'들 간의 불공정한 부분이다. 이런 문제는 개선해야 한다고 생각하며, 정 필요하면 강공책도 꺼내 들 수 있다. 하지만 갑자기 불쑥 공매도를 전면 금지해서 시장을 교란하면 곤란하다. 당연히 이런 정책이라면 충분히 검토해서 사회적 합의를 도출한 후, 사전 예고를 거쳐서 시행해야 한다.

이 정부는 김포시 서울 편입 논란에서 그랬던 것처럼 불쑥 조치를 실행해 놓고 잠깐 주가가 상승하는 동안 '개미투자자'들의 지지를 얻으려는 얄팍한 수를 쓰고 있다. 하지만 그게 얼마의 시간 동안이나 통할 것인가? 행정, 특히 시장에 영향을 미치는 경제정책을 입안하고 집행하는 데는 예측 가능성이 제일 중요하다. 그것이 법치주의이자 민주주의의 작동 원리다. 글로벌 투자자들이 가장 중시하는 것도 예측 가능성 유무이다.

의대 정원 증원 사례를 보면, 의사를 증원하는 것은 물론 필요한 일이다. 하지만 그렇게 증원하더라도 지방의 소아청소년과나 산부인과의 부족 문제, 그리하여 발생하는 지역민의 의료 접근권 문제가 해결되지는 않을 것이다. 왜냐하면 정원을 늘려도 인기 과목 집중은 해소되기는커녕 더 심해질 가능성이 높기 때문이다. 안 그래도 출산이 줄어서 산부인과 의사의 수요가 줄어들고 있는데, 똑같이 노력해서 의사가 되었는데 일부에게만 전망이 어두운 분야를 강요하기 어렵다. 흉부외과 등 투입 노동 강도나 사회적 가치에 비해 보상이 턱없이 낮은 분야도 마찬가지다. 이 문제는 선악의 문제로 접근해 의사들을 비난할 문제가 아니라, 시장의 실패를 정부가 보완해야만 하는 전형적인 사례다. 의대 정원을 증원하더라도 공공성과 사회적 가치를 반영해 정부가 수가 조정 등 제도적 보완을 병행해야 한다.

또한 의대 정원을 증원하더라도 수련할 시설을 갖춘 대학병원이 없으면 안 된다. 그러니 대학병원 증설도 필요하다. 문제는 그 대학병원도 운영이 유지되려면 투자가 필요한데 경제성이 문제다. 결국 손실이 나더라도 공공이 투자하지 않으면 대학병원을 증설할 수 없다. 따라서 당연히 이런 문제에 대한 개혁은 정부가 공론화 과정을 거쳐서, 여러 이해관계자 및 전문가들과의 토론을 거쳐서 입체적인 안을 만들어 시행해야 한다. 자칫 마녀사냥식으로 설익은 내용을 밀어붙이면 의료 제도 전반이 무너질 수 있다.

숙의민주주의 방식으로 정책을 결정하고, 개혁안이 지속 가능하다는 신뢰를 줄 수 있도록 정치권에서도 여야 합의 등 사회적 합의의 과정을 거쳐야 한다. 사실은 윤석열 정부가 추진하겠다는 3대 개혁(연금·노동·교육 개혁) 문제가 모두 마찬가지인데, 이러한 사회적 합의 과정을 거부하니 입법안조차 제대로 나오지 않은 상태에서 싸움만 건 경우가 많다. 야당과의 대화를 통한 조정 없이 갈라치기, 마녀사냥, 지지층 결집에만 관심이 있다고 볼 수밖에 없다. 개혁에의 진정성이 보이지 않는다.

우회전 깜빡이 켜고 좌회전?

그런데 이런 포퓰리즘이 지지층 결집이라도 가져오냐 하면 그렇지 못하다. 보수 지지층은 대체로 급진적 개혁보다 온건하고 점진적인 개혁을 선호한다. 누군가를 마녀사냥하는 방식보다 이성적·구조적 분석을 통해 근본적 개혁을 하는 방식을 선호한다. 그러니 이런 식의 포퓰리즘은 진짜 보수 유권자들에게는 어필하지 못하고 오히려 그들의 신뢰를 떨어뜨릴 뿐이다.

그러면 진보 유권자들에게는 어필하는가? 애초에 권위주의 정부기 때문에 진보 유권자들은 내용을 떠나 인정하지 않을 것이다. 그렇다 하더라도 그 자체에 양극화 해소 같은 긍정적 영향이 있다면 꼭 나쁘지만은 않겠지만 말이다.

앞서 열거한 사례들은 다 즉흥적으로 이슈가 제기되었다가 깊이 있는 검토와 공론화 없이 논란만 일으키고 대안이 정리되거나 합의되는 과정으로 이행되지 않았다. 아마도 처음부터 오랜 신념이나 국정 철학이 있어서 정리된 이슈들도 아니고, 그다지 진지하거나 끈질기지 않기 때문에(모든 이슈가 3개월을 넘기지 못한다는 말이 돌 정도이다.) 실질적 대책 수립과 개혁안의 구현으로 이어지지 못하고 있는 듯하다.

예컨대 의대 정원 증원의 경우에도 의료 서비스 혁신이라는 큰 아젠다로 의대 정원 문제뿐만 아니라, 소아과 및 산부인과 등 기피과에 대한 대책과 수가제도 혁신을 포함해 세부 부속안에 대한 종합적인 검토와 공론화를 1년 정도 거쳐 결과물을 도출하고 정부와 국회, 이해관계집단들이 함께 TF팀을 만들어 진행해야 하는 사안이다. 그리고 그 내용과 방향에 대해 대통령이 일정한 이해와 신념이 있어서 수시로 점검하고 챙겨야 하는 것이다.

그러나 지금까지 논란이 된 어떤 정책도 그렇게 진행되는 모습을 보지 못했다. 일례로 노동개혁의 일성과 함께 발표되어 논란만 야기했던 69시간 근로시간제는 어떻게 되었을까? 국회에 입법안조차 제출되어 있지 않다고 한다. 우리 사회 곳곳에서 도무지 말이 되지 않는 일이 일어나고 있다.

사회의 예측 가능성과 신뢰를 떨어뜨리는 일관성 없는 경제 정책

경제 정책도 '애니띵 벗 문'?

공론화 과정을 생략하는 '윤석열 포퓰리즘'이 향하는 유일한 노선이 있다면, 문재인 정부의 반대로만 행동하는 것, 즉 '애니띵 벗 문 Anything But Moon'의 정책이다. 물론 앞서 지적한 몇 개의 포퓰리즘적 정책은 문재인 정부에 대한 반대조차도 아니고, 문재인 정부를 반대하는 일에만 정부가 골몰하다가 대중의 지지를 상실했다고 여길 때 검토 없이 급하게 던진, 단지 욕망을 자극하는 정책들이다.

하지만 평상시의 기조 역시 말로는 이념적인 것으로 치장하지만, 실상은 다만 '문재인 정부의 반대로만 행동하는 것'에 불과하다. 이는 윤석열 정부를 탄생시켰던 반문 정서를 충족시키는 정치 행위에 지나지 않는다. 이 역시 국가중대사를 그 자체로 다루지 않고 지지층의 정서에만 부합하려 하는 포퓰리즘적 행위라고 말할 수 있다.

정권 교체가 되었으니 물론 전 정권의 잘못된 부분을 바로잡자고 할 수 있다. 그렇디고 지난 정권의 모든 걸 부정하고 반대의 극단으로 널뛰기하는 건 옳지 않다. 다른 생각을 가진 정권이 들어서더라도 그들이 한 것 중에서 긍정적인 것은 남겨 가면서 정책의 연속성을 추구해야 한다. 지금 하는 것처럼 손바닥 뒤집듯이 다 뒤집어 버리면 매번 정권이 바뀔 때마다 모든 것이 초기화(리셋, reset)될 것이다. 여야가 공유하는 국가 전략, 축적되는 발전의 노하우와 같은 것들이 전혀 쌓일 수 없는 세상이 된다.

예를 들어 탈원전을 둘러싼 논란도 극단적인 이분법적 사고를 보여 준다. 문재인 정부 때 탈원전이란 진보 이념에 맹목적으로 집착해 무리하게 원자력 발전소 가동을 중단한 것은 문제라 볼 수 있다. 그렇다고 그 정책을 깡그리 뒤집어 기후 변화의 흐름을 무시하고 재생에너지 전체를 소홀히 하는 태도를 보이는 것은 윤석열 정부의 크나큰 문제다.

지금 전 세계의 기업들은 지속가능경영을 위해 ESG(Environmental(환경), Social(사회), Governance(지배 구조)의 첫 글자를 조합한 단어로 기업의 친환경 경영, 사회적 책임, 투명한 지배 구조 등을 의미한다.)를 활발히 하고 있다. 우리가 기후 위기에 대응한다는 큰 틀에서 궁극적으로는 재생에너지 중심으로 옮겨가야 한다는 큰 흐름이 꺾인 것은 아니란 뜻이다.

나도 기업에 있을 때 ESG 관련 일을 많이 했다. 그런데 세계 흐름과 달리 요즘 국내 언론에서는 ESG와 관련한 기사 자체가 별로 나오지 않는다. ESG 역시 일종의 새로운 환경에 적응하는 산업 전략이자 경영 전략인데 말이다. 마치 탈탄소 산업 정책에 대해 말하면 윤석열 정부에 반대하는 것 같은 그런 분위기를 조성하고 있다.

정권의 노선이 전임 정권과 반대로 바뀌었다고 기업들이 응당 해야 할 고민까지 정권 눈치를 보면서 발화하지 못하게 하는 분위기를 조성하게 만드는 것은 바람직하지 않다. 왜 꼭 반대편 극단으로 가야 하는가? 국가 전체적으로 보면 큰 손실이자 어리석은 일이 아닐 수 없다. 이런 식이면 정권이 몇 번만 바뀌고 나면 우리는 도저히 헤어나지 못하는 수렁에 빠질 것이다.

시장주의 교란하며 부동산 가격 방어에 열 올리는 윤석열 정부

문재인 정부에 대한 민심 이반을 이끌어낸 대표적인 실정인 부동산 정책을 돌이켜 보면, 가장 큰 문제는 인간의 욕망을 죄악시하는 경향이었다고 생각한다. 한국의 경제는 이미 세계화되어 있고, 국민들, 특히 3040세대의 다수는 임금 소득만으로 자산을 축적하는 데 한계를 느끼고 주식이나 가상화폐, 부동산 투자 등 자산 시장 전반을 민감하게 살피고 있다.

심지어 이제는 미국, 일본, 홍콩, 유럽 등 해외자산 시장에 투자하면서 국제 경제와 국제 정치의 흐름을 공부하는 개미투자자도 많이 늘어난 상태다. 그건 최근 유튜브 경제 채널의 동향과 구독자 수, 주체와 토론 내용, 댓글 등을 살펴보면 금방 알 수 있다. 노무현 정부가 출범했던 20여 년 전과 비교했을 때, 우리 젊은이들은 굉장히 자본주의에 익숙해져 있는 상황이다. 비교적 짧은 시간 동안 엄청난 속도의 변화가 이루어진 것이다.

2019년 말부터 코로나19 사태가 터지면서 유동성 공급이 엄청나게 늘어났기 때문에 자산 가격이 폭등할 것이란 건 예측된 바였다. 하지만 그 시기에 문재인 정부는 부동산 가격을 잡겠다고 공언했다. 가격을 잡기 위해선 수요를 줄이거나 공급을 늘려야 했는데, 대출을 대폭 규제하고 세금을 높여서 수요를 옥죄는 정책으로 향했다. 당시 거의 제로금리 상태에서 대출받아서 집을 사려고 했던 청년층의 수요를 옥죄었으니, 불만이 들끓을 수밖에 없었다. 결과적으로 집값은 폭등했고 현금 보유가 넉넉한 자산가들에게만 기회가 돌아간 셈이었다.

위험을 스스로 책임지는 만큼 기회가 공정해야 한다고 생각하는 젊은 세대는 정권에 등을 돌렸다. 집권 초기 여당인 더불어민주당이 통과시켰던 임대차3법은 임차인을 보호하려는 더불어민주당의 의도와는 달리 전세 물량을 줄어들게 만들어 전셋값을 오히려 폭등하게 했다. 이 역시 선한 의도가 악한 결과를 가져온 대표적인 사례였다.

세금 역시 공시지가를 현실화한다는 명목으로 엄청나게 올렸다. 공시지가가 시세를 반영하지 못하고 있는 건 맞지만 이미 그 공시지가에 따른 세액은 국민들의 담세능력에 맞춰져 있었다. 그러니 탁상공론식 공시지가 현실화는 조세저항을 불러왔다. 가구 분화의 추세에서 서울 강북의 애매한 지역에 실수요로 1가구 2주택을 소유하고 있는 이들도 투기하는 다주택자 취급을 받으면서 세금 폭탄을 맞았다. 안 그래도 코로나 때문에 사업이 힘든데 담보대출이 잘 안되어서 더 힘들었다는 자영업자들의 체험담도 들렸다. 문재인 정부가 경제의 실상을 무시하고 이론적 이상에 치우

쳤기 때문에 생긴 일이고, 그 점에서 비판을 많이 받았다.

문제는 윤석열 정부가 이를 바로잡는다고 나섰는데, 이번에는 정반대 방향에서 시장을 교란하려고 한다. 문재인 정부 부동산 정책의 패인은 정부가 가격을 조정할 수 있다는 믿음, 즉 시장을 통제할 수 있다는 과신 때문이었는데, 이번 정부는 정반대 방향에서 똑같은 태도로 이제는 '가격을 방어'해 주겠다고 한다. 둔촌 주공 분양을 성공시키기 위해서 갑자기 대출 규제를 확 풀어 버리는 것이 그 예시다.

지금은 금리가 올라갔고 가계부채 문제가 심각하기 때문에 오히려 대출 규제를 어느 정도 해야 하는 시점인데도 그렇게 했다. 그런데 동시에 한국은행에서는 물가 대책으로 금리를 올리면서 우리가 시장의 유동성을 흡수하겠다고 한다. 그러면 시장에서 보면 정부 정책이 대체 유동성을 흡수하겠다는 건지 유동성을 풀겠다는 건지 알 수가 없어진다. 윤석열 정부는 부동산 가격이 내려간 것을 치적으로 내세우면서도 실제로는 가격을 유지하거나 올리는 정책을 취하고 있다. 누구를 위한 정책인가?

이 역시 시장주의에 반하는 것이다. 몇 년 전 집값이 유동성 장세 때문에 폭등했다면, 금리가 올라가고 유동성이 회수되면서 집값이 내려가는 것 역시 급등한 가격이 정상화되는 과정이다. 그렇다면 이 과정이 아주 위험하지 않는 한 일단은 지켜봐야 한다.

대신에 부동산 PF(Project Financing, 미래에 발생할 수익을 담보로 대출을 받아 자금을 조달하는 방식) 회사들이 도산하면서 여기에 보증이나 여신을 했던 금융기관이 위태로워진다든지 해서 경제 위기로 연결이 될 수 있는 상황이 올 때는 국가가 어느 정도 개입해야 한다. 즉, 사전 개입이 아니라 신속한 사후 개입이 필요한 셈인데, 현 정부는 사전 개입을 일삼고 있다.

둔촌 주공의 분양률이 낮으면 대체 무엇이 문제인가? 왜 우리 정부가 거기에 공공의 재원을 투입하고, 정부는 금융기관을 향해 대출하라고 촉구해야 하는 걸까? 미분양 아파트는 헐세로 매입하면서 왜 전세 사기 피해자들은 구제해 주지 않는가? 앞뒤가 맞지 않는다. 게다가 왜 둔촌 주공만 매입하고 다른 미분양 아파트는 매입하지 않는가? 이는 불공정한 시장 교란에 해당하며, 특혜 시비도 있을 수 있다. 즉, '공정과 상식'이라는 캐치프레이즈가 전혀 지켜지지 않고 있는 것은 정치나 민주주의 영역에서만이 아니라, 경제 영역에서도 마찬가지이다.

윤석열 정부의 부동산 정책에 대해 해야 할 제언이 문재인 정부에 해야 했던 그것과 거의 같다는 것은 참으로 우스운 일이다. 이런 식의 기회주의적 포퓰리즘을 남발하는 모습이 보수 정부의 민낯이라고 말하기도 민망하다. 우리 정부는 주택 가격을 정부가 조율하는 건 한계가 있다고 인정해야 하고, 시장에의 섣부른 개입이 오히려 시장을 왜곡시킬 수 있음을 알려야 한다. 대신 정부의 정책은, 서민들의 주거 문제를 해결을 위해 공공분양이나 공공임대를 늘리는 방향으로 가야 한다.

싱가포르식 주택 정책을 도입하여 공공주택 시장과 민간 시장을 분리해서 대응하고, 주택연금과 국민연금을 연계하여 노후보장을 더 두텁게 하는 것도 검토해 봄 직하다. 어떻든 전 세계적인 자산 가격의 급등락이 있고 유동성 문제가 세계적으로 연결되어 있는 상황에서 한국 정부가 전체 주택 가격을 책임질 수 없다는 사실을 국민에게 분명히 얘기해야만 한다. 자본주의, 자유민주주의 사회에서 가장 중요한 원칙은 투명성과 예측 가능성을 높이는 것이다. 그런데 과연 국민은 윤석열 정권이 투명성과 예측 가능성이 높다고 생각할까?

법인세 감세한다고 반드시 투자가 늘어나지 않는다

또한 윤석열 정부는 과거 이명박 정부 시절과 마찬가지로 감세 정책으로 기업의 투자를 늘릴 수 있다고 주장하고 있다. 나는 기업인 출신으로서 이러한 주장이 사실이 아니라는 것을 알고 있다.

과거 내가 로펌 변호사 혹은 기업인 시절 가장 많이 참여한 회의가 투자 여부를 검토하고 결정하는 회의였다. 함께 논의하면서 리스크를 가늠하고, 예상 손익을 비교하는 것이 내 업무였다. 그 당시 경험에 의하면, 감세 여부는 기업이 투자를 결정할 때 고려 사항이긴 하지만, 절대적인 조건은 아니다.

물론 어떤 나라나 지역이 아예 '조세 회피처(tax haven, 조세 부담을 경감할 수 있거나 조세 부과를 피할 수 있는 국가나 지역)'일 경우에는 당연히 세금이 주된 고려 대상이 된다. 요컨대 어차피 법인세라는 건 이익이 났을 때 부과되고, 기업에서 중요한 건 그 사업이 돈이 되나 안 되나 하는 점이다. 한마디로 될 성싶은 사업이면 법인세가 높든 어떻든 투자한다. 그런데 사업 여건이 좋지 않고 미래가 불확실하면 당연히 투자를 주저한다. 그러므로 어떤 의미에서는 투자할 때 제일 중요한 건 장래 시장에 대한 전망이고, 그 시장의 예측 가능성이다. 투자했을 때 예상했던 대로 일이 전개될지, 그 국가에서 준수해야 하는 정책이 자꾸 바뀌지는 않는지, 정치적 리스크나 관치행정이 얼마나 심각한지, 포퓰리즘적 행태를 얼마나 보이는지를 주요하게 살핀다.

무엇보다 기업은 돈을 벌겠다는 전망이 없이는 투자하지 않는다. 기업이야 이익이 되면 감세를 안 해 줘도 투자하지만, 이익이 날 전망이 안 보이는데도 감세 여부가 투자의 고려 대상이 되지는 않는다. 지금처럼 경기가 나쁘고, 전쟁 문제도 있고, 여러 가지 공급망 문제로 불확실한 시대에 감세만으로 투자를 이끌어 낼 수 있다는 주장은 어불성설이다.

특히 시장 유동성을 거둬들여야 하는 경제 상황에서 감세한다는 건 너무 뜬금없는 일이다. 물론 일부 부동산 관련 세금은 문재인 정부에서 일부 계층에 과도하게 책정한 불공정한 세금이라는 논란이 있었으므로 감세할 수 있디. 하지만 법인세 감세와 같은 논의는 이해하기 어렵다. 감세한다고 투자가 촉진되지도 않을뿐더러 유동성만 더 풀리는 효과를 낳기 때문이다. 법인세 감세가 투자를 늘릴 수 있다는 예측에 대해선 SK 최태원 회장조차 대한상공회의소에서 대한상공회의소 대표 자격으로 반박한 바 있다.

더구나 재정 균형, 재정 건전성을 입버릇처럼 말하던 윤석열 정부가 감세를 말하는 것은 일관성이 없는 주장이다. 그러다가 난방비 상승이 문제가 되면 다시 난방비를 지원해 주겠다고 선심성 정책을 남발한다. 이러한 윤석열 정부 경제 정책의 비일관성과 포퓰리즘적 성격은 언론에서조차 제대로 지적되지 않고 있다는 것이 큰 문제다.

경제 정책을 두고 이념 대립을 하던 시대는 끝났다

경제 정책, 이념이 아니라
최선의 답을 찾아야 한다

봉건적 경제 질서에서 자본주의로 전환되던 초기나 세계대전 이후 자본주의와 사회주의가 대립하던 냉전기에는 경제 정책을 두고도 원리주의적 입장이 많았다. 좌우가 격렬한 논쟁을 벌이기도 했다. 우리나라도 예외가 아니어서 2000년대 초까지만 해도 정치권은 경제 정책을 두고 이념 논쟁을 했다. 민주노동당이 제기한 무상복지 정책이 공론화되면서 선별적 복지냐, 보편적 복지냐 하는 논쟁이 치열했고, 오세훈 서울시장은 그것 때문에 서울시장 자리를 내놓기까지 했다. 진보적 아젠다였지만, 무상복지, 특히 무상급식 논쟁은 우리 사회를 크게 변화시켰다. 지금은 누구도 무상급식에 대해 의문을 제기하지 않는다.

이후 십여 년이 지나면서 사람들은 이제 복지는 재정을 전제로 하기에 보편적 복지를 무제한으로 할 수 없다는 점을 이해하고, 복지 서비스의 성격과 소요 재정 규모에 따라 보편적 복지로 가기도 하고 선별적 복지로 가기도 하는 걸 자연스럽게 받아들이게 되었다. 더는 그런 문제로 죽일 듯이 싸우지 않게 되었다. 재정도 마찬가지다. 균형 재정이 중요하지만, 서민 경제가 어려울 때는 제한적 확대 재정이 불가피하다.

보수에서는 감세를 통한 낙수효과를 주장하지만, 경기 침체가 심각하고 미래가 불확실하면 낙수효과는 일어나지 않는다. 그렇다고 경기가 안 좋은데 증세하는 것도 답이 아니다. 국가의 재정을 운용하는 것도 기업이 자금을 운용하듯 효과적으로 해야 한다. 소득 재분배와 성장 중 어느 쪽을 더 중시하냐고 물으면 성향에 따라 각자 방향성은 다를 수 있겠지만, 극단적으로 한쪽에 치우치는 정책은 제대로 실행할 수도 없고 바람직하지도 않다.

얼마 전 영국의 보수당 출신 트러스 총리가 이념적 신념에 따라 대규모 감세를 단행했다가 엄청난 물가 폭등을 직면한 후, 실정에 책임지고 총리직을 사퇴한 적이 있다. 코로나19 팬데믹으로 시중에 돈이 엄청나게 풀려 물가가 폭등하는데 감세로 유동성이 급격히 늘어나면서 거시경제 상황에 역행하는 정책이 시장에 충격을 준 것이다. 그러니 여기서 보듯 감세는 단순히 낙수효과냐 분수효과냐, 중부담·중복지냐를 운운할 이슈에 그치지 않는다.

글로벌 시장이 엄청나게 민감하고 예측 불가능한 지금, 경제 정책의 핵심은 시장에서 정답을 찾는 것이어야지, 이념에 집착하는 것이어서는 안 된다는 교훈을 얻을 수 있다. 우리는 다년간의 논쟁과 정권 교체를 거치며 다양한 정책을 집행해 봤고, 외연 확장을 위해 상대 진영의 주장도 어느 정도 수용해 왔다.

이제는 어떤 경제 상황이 되든 대부분 정답을 대충 알고 있다. 정치는 서로 극단적 주장을 반복하며 싸우는 게 아니라, 서로 다른 관점들을 토론하면서 답을 찾아가는 과정이어야 한다. 경제 정책이 이념에 좌우되어서는 안 된다고 해서 어중간한 입장을 취하자는 게 아니다. 최선의 답을 찾아야 한다.

포퓰리즘이 총선에서 통할까?

'윤석열 포퓰리즘'이 국민의 마음을 성공적으로 현혹해 집권 여당이 총선에서 승리하게 만들 수 있을까? 나는 어려울 것으로 생각한다. 지금은 정보가 실시간으로 공유되는 시대다. 우리 국민의 수준은 높아졌으며, 그간 정치권에 너무 많이 속아 왔다는 인식도 있다. 윤석열 정부와 국민의힘이 지금처럼 구태의연한 포퓰리즘으로 국민을 현혹하려고 한다면, 그들의 무능과 독선이 희화화되어 아예 유권자들의 선택 대상에서 삭제될 것이다. 우리 시대 정치 혁신의 방향은 보여주기식에서 진정성으로, 꼼수와 눈속임에서 투명함과 솔직함으로, 잔머리에서 본질로 가는 것이라야 한다.

우리 정치에서 가장 부족한 걸 하나 꼽자면 무엇일까? 나는 '공적 의지Public mind'라고 생각한다. '공적 의지'의 반대말은 '권력의 사유화'일 것이다. 한마디로 말해, 윤석열 정부는 심각하게 권력을 사유화하고 있다. 그리고 행정부 권력만 사유화하는 것이 아니라 집권 여당에도 큰 영향을 미치고 있다. 삼권 분립은 대한민국 헌법의 기본 정신이다. 특히 대통령제 국가에서 행정부의 통치가 독재로 흐르지 않으려면 입법부는 국민을 대신해 행정부를 잘 감시하고 견제해야 한다. 그런데 지금 국민의힘 의원들은 헌법이 부여한 책무를 저버리고 있다. 여당국회의원들이 행정에 대한 견제기능을 포기함으로 인해 국회는 야당국회의원들의 독무대가 되었고, 계속되는 거부권 행사로 결국 국회는 대화와 타협, 조정과 협상이 없는 일방통행식 삿대질만이 난무하게 되었다. 충돌하는 이해관계를 조정해야 할 국회의 기능은 사실상 마비되어 있다.

대통령의 당무 개입은 헌법상 정당 활동의 자유 침해, 즉 정당법 위반이다. 윤석열 대통령 스스로 박근혜 전 대통령을 그 죄목으로 구속한 바 있다. 윤석열 대통령의 당무 개입은 이준석 전 당 대표를 제거하는 과정에서, 그리고 김기현 당 대표를 세우고 다시 쫓아내는 과정에서, 마지막으로 인요한 혁신위원장이나 한동훈 비대위원장을 불러들이는 과정까지 누가 봐도 명확한 사례만도 세 차례다.

대통령이 아예 여당을 사당화할 거라는 건 이미 예견된 일이었다. '윤핵관'이 대통령과 가까운 것 같지만, 그들은 대통령과 동지적 관계가 아니라 권력을 향한 이해관계가 일치했던 동업자 관계에 불과하다. 윤석열 대통령의 입장에선 대선도 전당대회도 끝난 마당에 윤핵관이 더는 쓸모가 없다. 더구나 그는 정치인을 믿지 않는다. 그러니 공천 과정에서 윤핵관과 중진들을 쳐내고 그 자리에 '검핵관(검사 출신 핵심 관계자)'나 '용핵관(용산 대통령실 출신 핵심 관계자)'을 집어넣고 싶을 것이다.

여당이 과반을 차지한다고 하더라도 단지 노선이 유사한 사람들이 과반이라는 것이지, 그들이 모두 대통령의 호위무사가 될 수는 없다. 그는 특별한 정치적 철학이나 소신을 실현하기 위해서가 아니라, 권력을 잡고 지키는 것 자체에 관심이 있어 보이기 때문에(아마도 적폐 청산 등을 직접 지휘하였기 때문에 더할 것이다.), 국민의힘이 과반 정당이 되는 총선 승리보다도 본인을 확실히 지켜줄 사람을 수십 명이라도 총선에서 국회로 들여보내는 것이 매우 중요할 것이다.

따라서 당선 가능성이 높은 영남 지역구에서 윤핵관과 중진들을 치워내고 그 자리에 검핵관과 용핵관을 꽂을 생각을 하는 게 매우 자연스럽다. 과거 이준석, 나경원, 안철수 등이 토사구팽당했던 것처럼 윤핵관과 중진들 역시 끝내는 찍혀 내쳐질 것이다. 국민의힘의 혁신이란 그러한 대통령의 의중에 봉사하는 데 지나지 않음을 모두가 알고 있다.

이는 사실상 '보수 정당 궤멸 프로젝트'다. 그가 대선 때 실수로 내뱉은 "국민의힘에 오고 싶지 않았다."라는 그 내심과 얼마 전 공개된 녹취에서의 "당을 뽀개 버리겠다."라는 그 내심과 일치하는 것이다. 어쩌면 그에게 필요한 것은 국민의힘이란 껍데기에 불과했고, 국민의힘 혹은 보수 정당 자체가 토사구팽의 대상이었다. 나는 이미 대선 때부터 윤석열 대통령이 보수 정당을 내부에서부터 자멸시킬 것이라 경고한 바 있다. 이미 보수 정당은 정통성이 뿌리에서부터 흔들리고, 당이 키워 낸 수많은 인재의 정치생명이 끊어진 결과, 남은 국회의원들은 공천 권력에 줄이나 서는 영혼 없는 정당으로 전락했다. 영혼 없는 정당은 자멸하기 쉽다. 국민도 당원들도 그 정당을 지켜야 할 근본 이유를 마음 깊은 곳에서 느끼지 못하기 때문이다.

이제 총선에서 여의 잔존 세력을 당의 기반인 영남에서 뽑아내고 그의 호위무사인 검핵관과 영혼 없는 공무원인 용핵관으로 채우는 순간 그의 '보수 정당 궤멸 프로젝트'는 완성될 것이다. 바로 그 보수 정당을 열렬히 지지하는 당원들의 환호 속에 말이다. 웃지 못할 코미디다.

그런데 한 가지 의문인 것은 소위 원조 윤핵관 혹은 영남의 토호 세력을 윤 대통령이 과연 토사구팽할 수 있을까? 지역 기반이 없는 윤 대통령을 그들이 받쳐 준 셈이었는데 말이다. 그런 상태에서 설사 영남의 터줏대감들을 뽑아낸 자리에 신윤핵관, 즉 용핵관과 검핵관을 내보낸다고 해서 그들이 당선될 수 있을지도 의문이다.

대통령의 한마디로 영남의 토호 세력을 치고 자신의 진짜 수족들을 심자니 지역 기반이 없는 자신의 손발을 자르는 격이고, 그들을 그대로 두자니 총선 이후 그들을 믿을 수도 없거니와 검핵관과 용핵관을 심을 곳이 없다. 결국 원조 윤핵관(영남 토호 세력)과 신윤핵관 사이의 충돌은 궁극적으로 보수 정당의 자멸로 연결될 것이다.

진퇴양난이다. 애초에 대통령은 자신이 공정과 상식을 내세웠던 만큼 힘들더라도 구태 토호 세력과 손잡지 말았어야 했다. 그래야 진정성도 인정되고 나중에 당 쇄신이 원활했을 것이다. 이제 이 딜레마적 상황에서 윤석열 대통령은 이러지도 저러지도 못하는 상황이 되었다. 본인이 국민적 지지라도 높으면 여러 위험을 감수하고 지금이라도 토호 세력 혁신을 내세우며 갈 수 있겠지만, 그조차 안 되니 그 동력조차도 없는 것이다. 안타까운 일이다. 이러한 상황을 전혀 예측하지 못했을까? 어느덧 나는 양당의 중간 지대에서 그들을 바라보게 되었다.

내년 총선은 본질적으로 대통령 중간평가이므로 윤핵관과 검핵관, 용핵관 및 그 호소인의 무덤이 될 수밖에 없다. 윤핵관이 나간 자리에 검핵관, 용핵관이 들어온다면 민심의 역풍은 더 세게 불 것이다. 차라리 그 민심의 역풍이 국가 개혁의 계기가 되길 바란다.

PART 03

생명을 경시하는 게 보수인가

저출산은 실은 단순한 출산과 육아, 교육 여건의
개선만으로는 근본적 해결이 어렵다. 이는 노후 문제, 일자리 문제,
산업 구조의 전환과 경제 성장의 문제 등이 복합적으로 연결된 문제이다.
희망이 없는 나라, 미래가 불확실한 나라에서
아이를 낳아 키우고 싶지 않은 것은 당연한 일이다.
생존을 위한 합리적 선택이 저출산이 되고 있는 심각한 상황이다.

국민의 생명을 지키는 것은 보수와 진보를 떠나서 민주주의 국가의 정치 세력에 기본 덕목이다. 하지만 현실에선 그 기본 덕목조차 지키는 것이 쉬운 일은 아니었다. 가습기살균제 금지법 사례에서 나는 더불어민주당에서 활동할 때나 보수 정당에서 활동할 때나 마찬가지로 관심을 가졌지만, 소속한 정당이 달라지면서 실제로는 차이가 났다.

그런데 그건 잘못되었다. 생명 존중은 보수의 가치 아닌가? 생명을 중시하기 때문에 낙태를 반대하는 분도 많고, 안락사 등도 반대하지 않는가? 그러니 보수야말로 생명을 중시하고 국민의 생명과 안전에 문제가 생기면 누구보다 적극적으로 이를 문제 삼는 데 나서야 한다. 요즘 들어 윤석열 정부의 '생명 경시' 풍조에 대해서는 해도 해도 너무하다고 생각한다. 자칫 보수 정치는 원래 생명을 경시하는 풍조가 있다는 그릇된 편견을 우리 사회 유권자들에게 새겨 주지 않을까 걱정이 될 정도다.

이태원 참사 문제만 해도 그렇다. 정치라는 것이 편 가르기 이전에 먼저 '인간 된 도리'부터 다해야 하지 않을까? 아니, 보수의 가치라 하면 '가족공동체'와 '생명'을 중시하는 것 아닌가? 그런데 그 참사 유가족들이 모여 슬픔을 나누는 걸 외면하는 게 과연 보수이긴 한 건가? 어느덧 대한민국에서 보수는 '슬픔에 공감할 줄 모르는 냉혹한 자들'이 되어 버렸다.

시민들의 가슴이 답답하고 눈물 나는 정치는 이제 그만

가습기살균제 피해자에 대한
가슴 아픈 기억

2023년 11월 9일, 가습기살균제 피해자에 대한 제조사의 책임을 인정한 판결이 처음으로 나왔다. 대법원은 이날 가습기살균제 피해자인 김 모 씨가 제조·판매사인 옥시레킷벤키저와 납품업체인 한빛화학을 상대로 낸 손해배상청구소송에 대해 원고일부승소 판결을 확정했다. 김 씨는 2007~2011년 동안 옥시 가습기살균제를 사용했으며, 2013년 5월에 간질성 폐질환 진단을 받았다. 1심

법원은 옥시 측의 책임을 인정하지 않았지만, 2심 법원에선 김 씨에게 500만 원을 배상하라고 판결했다.

가습기살균제 피해자의 규모는 환경부가 파악한 것만 해도 5,000명 이상이다. 이번 판결을 계기로 그분들에게도 피해 구제가 이루어졌으면 좋겠다. 하지만 피해자들은 여전히 피해의 인과관계를 사실상 스스로 입증해야 하기에 기업을 상대로 승소하기가 매우 어려운 것이 현실이다.

가습기살균제 피해자 문제가 한창 이슈화될 때 나는 국회의원 신분이었다. 피해자 가족들과 종종 만났던 나는 그 피해를 이슈화하려고 부단히 노력했다. 임산부들 혹은 어린아이를 둔 부모들은 태아와 아이의 위생을 위해 가습기의 물때와 곰팡이가 없어지도록 가습기살균제를 사서 부지런히 가습기에 넣고 틀었다. 그 부지런함과 깔끔함이 아이를 죽이고 장애인을 만들었다는 죄책감에 피해자 부모들은 괴로워하고 있었다.

어떤 아이는 폐 석화로 폐 기능이 떨어져 걸을 수 없어서 휠체어를 타고 있었는데 그 옆에 실린 커다란 산소통과 연결된 호흡기를 달고 있었다. 한창 잘 놀던 아이가 점점 달릴 수도, 걸을 수도 없게 되고, 점점 쇠약해져 깡말라 가는 모습에 어머니는 가슴이 무너졌다고 했다. 어떤 분은 임산부였던 아내와 태아를 함께 잃었다고 했다.

가습기 내부 청소가 구석구석 잘 안 되는 데다가 당시 홍콩에서 창궐했던 '사스'에 대한 경각심으로 많은 사람이 가습기살균제를 썼다. 나도 당시 임산부였기 때문에 우리 집도 가끔 가습기살균제를 썼는데, 이들을 보고 너무나 놀랐다. 어쩌면 저분들 사이에 나와 우리 가족도 끼어 있을 수도 있었던 문제였다. 남 일 같지 않았다. 이분들의 한을 풀어 줘야겠다는 생각이 커졌다.

나는 화학에 문외한이었지만, 다행히 생화학자인 남편의 도움을 받아 제품 명세서의 성분을 공부할 수 있었다. 그 결과 그 일부 살균제 성분이 미국에서는 배수구 청소에 쓰이는 유독성분이란 걸 알게 됐다. 해당 배수구청소제 광고와 관련 명세 등을 검색해 봤더니 살균용 유독물질이므로 살포 시 주의사항이 명기되어 있었다. 충격이었다. 어쩌다가 배수구청소제가 가습기살균제가 되어 우리 호흡기까지 들어오게 됐을까.

당시 국회 보건복지위원이었던 나는 보건복지부와 식품의약품안전처 등에 왜 이런 제품이 걸러지지 않고 버젓이 판매되었는지를 따졌다. 약이나 의약부외품, 화장품 외의 제품은 자신들의 심사 소관이 아니란 답이 돌아왔다. 이런 제품은 우리 인체에 직접 영향을 미치는데도 직접 복용하거나 직접 접촉하는 물질이 아니어서 인체 유해성 여부를 심사하는 절차가 없었다. 법의 사각지대였다.

환경부는 화학물질을 관리하는 부처였지만, 그런 제품에 쓰인 화학물질이 아니라 환경으로서의 화학물질을 관리하는 곳이었다. 어찌 보면 공산품 품질을 관리하는 산업통상자원부 소관이라고 하는 게 맞는데, 산업통상자원부는 공산품의 '품질을 향상' 시키는 곳이지, 공산품의 유해성을 감독하는 곳이 아니었다. 그렇다고 해서 모든 공산품에 대해 유해성 통제를 한다는 것도 비현실적이다(나중에 이 사건으로 인해 전기용품 및 생활용품의 안전관리법(전안법)이 통과되었는데, 옷에 다는 단추, 지퍼 등도 모두 유해성을 사전 검사해야 한다고 하는 등 비현실적인 규제로 가득 차 상인들이 장사를 제대로 하지 못하는 웃지 못할 상황이 생기기도 했다. 당시 나는 전안법의 과도한 규제를 개정하는 데도 앞장섰다. 극단적 관료적 사고가 낳은 코미디였다). 나는 경악과 개탄을 금치 못하면서 법안을 발의했다.

원안 대신 대안으로 통과된
가습기살균제법

그런데 나중에 가습기살균제법의 책임부서를 놓고 보건복지부, 환경부, 산업통상자원부 간에 다툼이 벌어졌다. 제품 피해의 인과관계 심사와 보상에 관한 관할을 두고 골치 아프고 돈만 들어간다고 서로 안 맡겠다고 하고, 각자 이 사건 해결을 자기 공으로 내세우고 싶었던 국회의원들 사이에서는 보건복지위원회와 환경노동위원회가 소관을 두고 신경전을 벌였다. 골치 아픈 일을 떠맡기 싫은 보건복지부와 산업통상자원부는 힘이 약한 환경부로 떠넘기려 했고, 보건복지위원회보다 환경노동위원회 소속 진보적 의원들이 그 법안을 담당하고 싶어 했기 때문에 마침 이해관계가 일치했다. 결과적으로 그 법안은 환경노동위원회로 넘어가게 되었고, 환경노동위원회에서 대안으로 새로 만든 통합 법안이 발의되어 통과되었다.

법안의 소관을 두고 각 부처가 서로 이리저리 미루고 국회에서는 자기 공으로 남기려고 의원실마다 기 싸움을 하는 걸 보면서 정말 한숨이 나왔다. 어떻게 해야 그 피해자들을 제대로 보호하고, 어떻게 해야 그 회사들을 제대로 감독하는가에 대해서는 모두 관심 밖이었다. 피해자들의 보호를 위해서는 보건복지부가, 회사들을 감독하려면 인허가권과 심사권을 가진 보건복지부(식품의약품안전처)와 산업통상자원부가 관여해야 하는데도 왜 한 부처로 정해야 하는가? 이해가 가지 않았다. 어느 한 부처로 미룰 수밖에 없는 국회 논의 구조의 한계가 정말로 아쉬웠다.

어떻든 법안이 나중에 대안으로 통과되는 바람에 내가 이 문제에 관심을 가지고 활동했다는 사실은 널리 알려지지 않았다. 그

후 내가 더불어민주당에서 떠나왔기 때문에 아무래도 나는 그 사건에서 멀어지게 되었는데, 왜 이런 일에서도 네 편 내 편을 따지는지 답답하기만 했다. 이후 총선에서 낙선하면서 가끔 그들을 위로하는 것밖에 할 수 있는 게 없었다. 그렇지만 이 사건은 항상 마음 한편에 부담으로 자리 잡고 있다.

당시를 돌이켜 보면, 가습기살균제 제조업체들의 책임을 가리는 과정에서 나는 국내 대기업들의 로비력에 감탄했고, 외국계 기업에만 철퇴를 내리는 듯한 사법부에 실망했다. 변명 같지만, 2020년에 총선에서 낙선하면서 더는 그 문제를 챙기는 데 한계가 있었다.

피해자 가족들에 대해 항상 미안한 감정이 있었던 나는 2022년에도 피해자 가족들을 만났다. 그분들은 그때도 나를 붙들고 억울함을 호소했다. 친한 의원들에게 그분들을 만나 봐 달라고 호소했고 자료도 전달해 줬지만, 이후 활동이 성에 차지는 않았다. 국내 대기업의 문제에 강단 없이 들이댈 만한 배지는 흔치 않다. 요즘 나는 "배지 같은 건 필요 없다. 내 할 말을 하겠다."라고 큰소리를 땅땅 치고 다니지만, 이런 사건을 생각하면 정말로 내가 고민하는 사회 문제를 해결하기 위해서는 배지, 곧 권력이 필요하다고 생각하기도 한다.

이태원 참사를 바라보는 시선,
보수는 냉혈한이 되었나

사람들이 박근혜 전 대통령에게 실망하게 된 이유 중에서 심리적으로 큰 부분 중 하나였던 것이 세월호 참사에 대한 부적절한 대응이었다. 물론 그렇다고 이후 출범한 문재인 정부가 집권 기간에 세월호 사침위(사회직침사 특별조사위원회)를 출범시켜 했던 진실 규명 활동이 좋은 성과를 냈던 것은 아니다. 고의침몰설 등의 말도 안 되는 음모론을 제어하지 못했으며, 그 결과 제대로 된 결론을 이끌어 내지 못하고 사회적 갈등은 확대되었다.

그러나 그렇다고 해서 윤석열 정부 출범 이후 각종 참사 사건에 대해 부적절하게 대응하는 것이 합리화되지는 않는다. 특히 이태원 참사에 대한 대처와 해병대 채수근 상병 사망 사건에 대한 박정훈 대령에 대한 수사 외압의 문제를 파 보자면 참담할 정도다.

사실 박근혜 정부는 세월호 참사 때 냉정하다는 비난을 들었지만, 그래도 윤석열 정부보다는 나았다. 참사 직후 현장에서 유가족들과 수십 일을 함께했던 이주영 해양수산부 장관과 같은 이도 있었다. 세월호특별법을 협의하는 과정에서는 더불어민주당이 한 치도 양보하지 않고 협상을 장기화하면서 유가족들의 농성이 길어지고 일상으로 복귀하는 게 늦어져 그들의 삶이 점점 피폐해지고 있었다.

당시 더불어민주당에 있었던 나는 이 사건을 극단적 대립으로 몰고 가면 유가족들이 일상으로 복귀하는 게 힘들어지고 유가족의 삶이 파탄 나고, 모두가 한마음으로 위로하던 국민 사이에서도 피로감으로 분열이 일어날 수 있다고 걱정하였다. 우선 일차적으로 유가족의 직장 유지 문제와 생활비 등 기회비용과 기타 보상의 일부 선지급 등과 같은 시급하고 현실적인 문제부터 신속히 해결해서 유가족들이 아무런 피해 없이 일상으로 돌아갈 수 있도록 도와주면서, 동시에 미진한 부분에 대해서는 협상과 투쟁을 이어가야 한다고 주장했다. 그때 나는 "당신은 누구 편이냐?"라는 핀잔을 들었는데, 지금 이태원 참사 이후 국민의힘에서 똑같은 말을 듣고 있다.

나는 이태원 참사 1주기 추도식에 참석했다. 추도식에 가면서 혹시라도 윤석열 대통령이 이 추도식에 참석해 변한 모습을 보여주면 무엇이라 평가해야 할지 잠시 고민했다. 쓸데없는 고민이었다. 대통령은 오지 않았다. 인요한 국민의힘 혁신위원장이 참석했지만, 개인 자격으로 참석했다고 선을 그으며 추도사조차 하지 않았다. '윤석열 대통령은 인요한 국민의힘 혁신위원장의 추도식 참석조차 원치 않았나 보구나.'라고 새삼 생각하게 됐다.

추도식에는 진보 성향의 사람들이 잔뜩 와 있었다. 보수 측 인사는 별로 보이지 않았다. 국민의힘은 추도사 낭독조차 하지 않았다. 우리 사회가 왜 이렇게 되었을까? 국민의 죽음을 두고서도 분열된 이 나라가 서러웠다. 대통령은 왜 오지 않았을까? 본인이 유가족들의 비난과 원망을 받아들일 이유가 없다고 생각했기 때문일 것이다. 그들의 비난과 원망을 받아들이거나, 그들의 아픔에 공감할 자신이 없었기 때문일 것이다.

이는 '대통령'이란 자리의 무게를 감당하지 못한 옹졸한 행위다. 대통령이 스스로 민심으로부터 소외당하는 길을 택한 거라 봐도 무방하다. 대통령은 이 추모식이 '야당이 주도하는 정치집회'란 이유를 들어 참석하지 않겠다고 했다. 야당이 주도하는 걸로 보이긴 했다. 그런데 그건 대통령이 자초한 일이었다. 대통령실이나 국가보훈부, 행정안전부가 주도하면 될 거 아닌가? 그러면 설마 야당이 주도할 수 있겠는가? 설마 유가족들이 추도식에서 추도하는 대통령이나 관계자들에게 뭐라고 하겠나? 설사 비난 좀 받으면 좀 어떤가? 그래서 그들의 울분이 풀린다면 말이다. 왜 그렇게 냉혹해야 하나? 사고가 난 직후 대통령은 5일간 연속해서 분향소를 찾았지만, 한 번도 유가족에게 진심 어린 사과도, 위로도 하지 않았다. 일 년여의 시간 동안 죽 그랬다.

이태원 참사는 분명 '불가항력에 의한' 사고가 아니었다. '막을 수 있는' 사고였다. 수많은 경고와 절박한 신고가 있었으며, 관할 파출소의 다급한 지원 요청도 있었다. 그런데도 현장의 안전 관리를 위해 파견되어야 할 많은 경찰 인력이 인근 시위 현장과 대통령실 경호에 투입되어 있었고, 축제에 쏟아져 나온 국민의 안전에는 뒷전이었다. 그 결과 참사가 발생했다.

대통령, 장관, 경찰청장, 고위 공직자 등 모두가 헌법 제7조에 기술된 것처럼 '국민 전체를 위해 봉사'하는 게 우선이 아니라, 자기 안위와 체면, 그리고 높은 분 잘 모시기가 우선이었기 때문에 발생한 참사였다. 현장에서 자기 맡은 바 임무에 충실한 이들보다 줄 잘 서고 눈치 빠른 이들에게 출세와 영광의 자리가 보장된다는 것을 모두가 알고 있었기 때문이다. 앞에서도 지적한 것처럼 '상명하복'의 권위주의 문화가 이런 피해로까지 나타나는 것이다.

그런 생태계와 문화에서는 인사권이 공정하게 행사되지 않으리라는 것을 모두가 알고 있다. 이 생태계와 문화를 고치지 못한다면 백날 가이드라인을 만들고, 백날 일선 현장을 처벌하고, 새로운 법을 백날 만들어 봐야 현실은 일절 변하지 않을 것이다.

대통령은 참사의 재발을 막기 위한
행동을 보여 주지 못했다

최고 책임자인 대통령의 역할이 중요했다. 대통령은 그와 같은 생태계와 문화를 본인이 바꿔 낼 것임을 말이 아닌 행동을 통해 보여 줘야 했다. 추도식에 와서 함께 슬퍼하고 공감하면서, 대한민국은 아부히는 이들보다 소신껏 현장에서 열심히 뛰는 공직자들이 높이 평가받는 나라임을 보여 줘야 했다.

그러나 대통령은 전혀 반대의 모습을 보여 줬다. 무엇이 정치 집회란 말인가? 대통령이, 집권당이 외면하는데 유가족들이 야당이라도 찾아가야지 그럼 다른 어디를 갈 수 있었을까? 그들이 그렇게 할 수밖에 없게끔 몰아붙인 게 대체 누구인가? 또한 설사 추도식을 야당이 주도한들 어떠한가? 중요한 건 우리 국민의 일원이었던 돌아가신 분들이고 그 유가족들이었다.

추도식에 와서 야당과도 대화하고 유가족들의 서러움을 어루만져 주는 게 대체 뭐가 그리 어려운 일이었을까? 권력을 가진 이들이 왜 자신들을 유가족들로부터 분리하는 것인지 알 수가 없다. 국민의 죽음에 어찌 진영이, 내 편 네 편이 있단 말인가? 유가족과 권력자 중에서 누가 먼저 손을 내밀어야 하는가?

다소 다른 의견으로 야당을 지지한다고 해도 그들 역시 국민이다. 자신을 뽑지 않은 국민, 자신을 미워하는 국민도 다 통치의 대상인데 어찌 그들을 차별할 수 있을까? 만약에 그들을 차별할 수 있다고 생각하는 이였다면, 애초부터 대통령 할 자격이 없는 사람이었다. 그리고 야당 역시 척결의 대상이 아니라 경쟁의 대상이다. 싫든 좋든 국정 운영의 파트너이다. 민주정치라면 서로의 지분을 인정하고 공존하는 법을 배워야 한다.

아무리 마음에 안 들어도 양당제하에서는 야당의 지분도 존중하고 대화를 나누고 조율할 수 있어야 자유민주주의 정치다. 심지어 결이 다른 당내 이견 세력의 지분까지도 존중하고 대화할 수 있어야 성숙한 민주정치다. 다른 당이든, 당내 이견 세력이든 '적'이 아니라 다만 민심을 얻기 위해 경쟁하는 경쟁자일 뿐이다. 물론 그 과정에서 절대로 인정하기 싫은 사람도 있겠지만, 그것은 대통령이나 권력자 개인의 사적인 감정일 뿐이다. 만약에 권력을 그 사적인 감정에 따라 행사하려고 든다면 그 자리에 있을 자격이 없다.

나는 더불어민주당에 있던 시절, 소위 '문자폭탄'이라고 불렸던 문자를 수만 개씩 받을 때 그에 대해 '양념'이라고 가볍게 말하는 문재인 전 대통령의 말에 상처받았다. 그러나 윤석열 정부 출범 이후에도 이러한 현실은 조금도 달라지지 않았다. 극렬 지지층이 이태원 참사 유가족에게 상처 주는 말을 해도 '그렇게 말해서는 안 된다.'라고 나서는 사람이 없었다. 결국 정권은 바뀌었지만 아무것도 달라지지 않았다. 아니, 더 나빠지기만 했다.

이래서야 국민 통합은 요원하다. 이 얼음의 강을 먼저 지나야 한다. 보수 정치도 돌아가신 분들, 그리고 유가족들을 애도해야 한다. 적어도 인간적인 슬픔의 감정만은 함께해야 한다. 특별법의 내용을 두고, 세부 정책을 두고 논쟁하는 것이야 좋다. 당당히 주장하면 여당이 너무한지 야당이 너무한지는 국민이 판단할 것이다.

모두가 손잡고 함께 슬퍼하고 해결책 및 재발 방지 대책을 논의하고 토론할 수 있어야 한다. 서로 조금씩 양보해서 지나간 슬픔을 털고 앞으로 나갈 수 있도록 만드는 정치여야 한다. 시민들의 가슴이 답답하고 눈물이 나도록 하는 정치여서는 안 된다. 더는 갈라치기를 그만하고 진정한 통합으로 나아가야 한다.

박정훈 대령에 대한 수사 외압,
'보수'가 부끄럽다

해병대 채수근 상병 사망 사건에 대한 수사 외압 의혹은 어떠한가. 해병대 1사단 채수근 상병은 2023년 7월 한반도 폭우 사태에 대한 실종자 수색 작전 중 내성천 급류에 휩쓸려 사망했다. 당시 대민 지원 홍보를 위해 해병대 글자가 잘 보이도록 복장을 통일하라는 사단장의 지시가 있었고, 그에 따라 구명조끼를 입을 수 없었다고 한다. 사망 사건 직후 윤석열 대통령은 "정부는 사고 원인을 철저히 조사해서 다시는 이런 일이 재발하지 않게 하겠다."라고 했고, "고 채수근 일병(이후 상병으로 추서)에게는 국가유공자로서 최대한의 예우를 갖추도록 하겠다."라고 발언한 바 있다.

그런데 이 사건에 대해 해병대 수사단장 박정훈 대령이 소신 있게 수사하면서 사단장 등 지휘관들의 책임을 밝히려 들자, 먼저 해병대 사령부가 박정훈 대령에 대해 보직 해임 조치를 내렸다. 이후엔 심지어 군검찰이 집단항명수괴 혐의(이후 '항명'과 '상관명예훼손'으로 변경)로 그를 입건했다. 군검찰은 8월에 박정훈 대령에 대해 구속영장을 청구했지만, 다행히도 군사법원은 기각했고, 이후 박정훈 대령은 불구속 기소되어 사태는 진행 중이다.

군인은 특정인이나 권력의 조잡한 이익이 아니라 국가에 충성해야 한다. 명령권을 가진 지휘관이 잘못된 지휘로 부하를 부당하게 죽게 했다면, 그 수사를 어떻게 하는 것이 군의 명예와 국가를 위한 것이겠는지는 명약관화다. 지휘관이 책임을 빠져나가려고 발버둥 치고, 수사관이 그것에 대해 공모하고 방조하는 것은 결코 올바른 일이 아니다. 당연히 지휘관에게 책임을 추상처럼 묻는 것이 올바른 일이다. 진정한 군인이라면 이런 문제에 대해서 국민을 향해 거짓말해서는 안 된다.

이 수준 이하의 졸렬한 사건은 온 국민에게 대한민국 군과 수사 외압에 나선 걸로 의심되는 정부(혹은 대통령)에 대한 엄청난 실망과 분노를 안겨줬다. 특히 국가관이 뚜렷하고 원칙과 신의를 중시하는 보수 성향의 국민 역시 이 사건에서 큰 좌절감을 느끼게 됐다. 어쩌면 그 마음속 좌절의 강도는 진보 성향의 국민보다 더 했을지도 모른다. 그분들로선 지금까지 믿었던 신뢰의 둑이 붕괴된 것이기 때문이다.

나는 이렇게 생각한다. 채 상병 사망의 진실을 밝히는 수사를 방해하는 것은 군과 국가의 이익에 반하므로, 그런 외압에 굴종하는 것이야말로 군인으로서 국가에 충성할 책무에 역행한 것이다. 더구나 그 과정에서 거짓말을 한다면, 그는 이미 군인의 자격을 상실한 것이다. 요즘 히트를 치고 있는 영화 〈서울의 봄〉에서 본, 북한과 대치 중인 나라에서 전방의 군대를 빼서 대통령과 합동참모본부를 협박하고 아군에게 총부리를 겨누면서 수도 경비 기능을 마비시킨 그 행동이 명백히 군과 국가의 이익에 역행하였던 것처럼 말이다.

자리가 그렇게나 탐이 날까? 만약에 외압을 이길 수 없었다면 국방부장관이나 사령관이 옷을 벗는 한이 있더라도 국민에게 부끄럽지 않도록 행동해야 하지 않을까? 군인이란 직업이 그저 생계 수단쯤으로 전락해 버린 오늘날의 현실이 너무나도 슬프다.

군의 명예, 국가, 원칙을 중요시하는 보수주의자일수록 이 사건은 참을 수 없다. 나는 이와 거의 비슷한 취지의 말을 여러 존경할 만한 보수 어르신들에게 들었다. 그분들은 크나큰 상실감을 느끼고 있었다. "이게 보수인가? 부끄럽다. 꼴도 보기 싫다."라고 말씀하셨다. 바야흐로 '보수'의 의미를 다시 정리해야 할 시간이 닥쳐온 것 같다.

윤석열 대통령은 마땅히 채 상병 사건 수사 외압에 대한 특검을 수용해야 할 것이다. 만에 하나라도 세간의 의혹처럼 대통령이 그 외압의 당사자라면, 그 행위는 중대한 헌법 위반임이 틀림없다. 이는 국가 기강의 문제이자 국가 수호라는 헌법적 책무의 문제이다. 그런데 이 문제에 이해관계가 있는 일각에서 자신들의 이익을 지키기 위해 엉터리 이데올로기로 포장을 씌워 편을 가르고 있다. 이에 속아서는 안 된다 만일 이런 사안에 대해서조차 특검이 시행되지 않는다면, 어떤 부모가 이런 나라에서 아들을 군대에 보내겠는가?

이는 정치의 문제를 떠나서 한 엄마의 마음으로도 도저히 용납되지 않는 사건이다. 사건 이후 수사 외압과 관련됐다고 추측되는 이들을 보란 듯이 승진시킨 것 역시 도저히 참기 힘든 일이다.

설마하니 국민의 분노를 업신여기고, 그에 정면으로 맞서겠다는 심산일까? 윤석열 대통령과 집권 여당은 나라를 내 편 네 편으로 나누고, 옳고 그름조차 그 편에 따라 나눠 달리 말하는 이 우스꽝스러운 코미디를 중단해야 한다.

노인을 위한 대책이 없는
고령화 대한민국

노인을 위한 나라는 없다

2023년 봄, 사랑하는 시어머니께서 암 투병을 하시다가 돌아가셨다. 말기 암 환자라 치료도 안 된다며 대학병원에서는 입원을 계속하기 어렵다고 퇴원해야 한다고 했다. 우리가 드라마나 영화에서 보듯 임종 시까지 계속 병원에 입원해 있는 게 아니었다. 재벌 회장이나 끗발 있는 사람이라면 모르겠지만 말이다. 요양병원으로 가야 했는데, 좋은 곳은 대기해야 했고, 금방 들어갈 수 있는 곳은 안심이 안 되었다.

집에 계시다가 발작하면 응급실로 실려 가셨다가 다시 집으로 오시는 일이 여러 번 반복됐다. 마땅히 가실 만한 곳이 없었다. 더구나 자식들은 다 바쁘고 시아버지도 연세가 많으셔서 누군가가 계속 간병해야 했다. 간병인이나 방문간호사도 잠시 다녀갈 뿐이었다. 종일 옆에 두려면 엄청난 비용이 든다. 경제적으로 어렵지 않은 분도 그랬는데 어려운 분들은 어떨까 싶었다.

누군가 호스피스 병동을 권했다. 처음에는 거긴 죽으러 가는 곳이라며 싫다고 하시기도 하고, 연명치료를 안 하는 곳이라 꺼림칙하기도 해서 안 모셨다. 그러다가 나중에는 안 되겠다 싶어 수소문해서 모 대학병원의 호스피스 병동에 입원하시도록 했는데, 호스피스 병동에서의 마지막 며칠간은 너무나 평안했다. 많은 분이 기도와 함께 위로해 주셨고, 공간이 비교적 넓고 쾌적해서 가족들도 함께할 수 있었다. 좀 더 일찍 모시고 올 걸 하는 후회가 들었다.

나중에 듣고 보니 어차피 연명치료나 검사 등 돈이 되는 건 없고, 공간도 많이 들고, 종교인, 심리치료사, 간병인 등에 비용이 많이 들어가 점차 호스피스 병동이 없어지는 분위기라고 한다. 말기 암 환자를 비롯해 더는 치료가 안 되지만 임종 시까지 고통을 완화하고 안정을 찾게 하는 호스피스 병동이 더 많이 생겨야 한다는 생각이 들었다.

시어머니는 독실한 신자로 항상 감사하는 마음으로 검소하고 신실하게 평생을 사신 분이었다. 며느리한테 한 번도 부담 주신 적 없이 언제나 친자식처럼 위해 주셨다. "세상의 마귀들에 휩쓸리지 말고 선하고 행복한 삶을 살아야 한다."라고 입버릇처럼 말씀하시면서 자식들을 걱정하셨다. 내가 임신했을 때도 태어날 손자를 위해 매일 새벽 중보기도를 하셨다. 세상에 그렇게 착하게만 사셨던 분이 병마의 고통을 겪고 끝내 돌아가시는 걸 보며 세상 참 불공평하다고 생각했다. 가끔 보고 싶다고 얘기하면 남편은 눈물을 글썽거린다. 인생 50이 넘어가니 우리 부부는 눈물이 많아졌다.

우리 부모님 세대는 열심히 아등바등 살면서 자식들을 위해 헌신하였다. 그분들에게 남은 인생은 짧다. 좀 즐기며 사시라 그리 말씀드려도 그게 잘 안되신다. 돌아가시고 나서 장례나 제사 거창하게 지내면 뭐 하랴. 다 한 줌 흙인걸…. 돌아가시기 전에 좀 더 시간을 함께 보낼걸….

우리 모두 언제 인생의 끝에 서게 될지 모르는데도 우린 늘 바쁘다. 마지막엔 옷 한 벌만 걸치고 가는 게 인생 아니던가. 나도 나이를 먹어가는 건가? 가끔 친정어머니랑 말다툼하면서 속상하게 했던 때를 떠올리면서 혼잣말하곤 한다. "엄마 사랑해요." 그 말이 살아생전에는 그리 안 나왔다.

요즘 친정아버지는 아코디언 삼매경에 빠지셨다. 연습해서 동호회 발표회 무대에도 서시겠다며 들떠서 말씀하시는 게 꼭 아이 같다. 친정아버지는 젊어서 고학 생활을 하시면서 보조요리사로 일하셔서 집안일은 수준급이다. 건강하고 즐겁게 잘 지내시는 것만으로도 감사하다.

반면에 시아버지만 해도 세대 차이가 좀 나시다 보니, 요리도 청소도 혼자 잘 못 하신다. 시어머니 돌아가시고 이런저런 정리를 끝낸 뒤 홀로된 시아버지를 위해 식사와 청소, 문화 활동과 건강 케어 등이 가능한 실버타운을 알아보았다.

깜짝 놀란 게 제대로 된 실버타운, 시니어 하우스가 몇 군데 없고, 그나마 있으면 비싸서 서민들은 엄두도 못 내겠다 싶었다. 가고 싶은 분은 많은데, 갈 곳은 부족하니 대부분 대기자가 줄을 서 있었다. 겨우겨우 새로 분양하는 실버타운에 예약을 걸어 놓고 왔다.

고령화가 급격히 진행되고 있는 대한민국이다. 노인 주거, 의료, 연금, 여가 등 대책은 턱없이 부족하다. 언젠가 우리 부부도 가야 할 곳이라 생각하니 더 실감이 난다. 이런 문제들이 최소한 안정적으로 해결되어야 선진국이다. 노후에 호강은커녕 생존이 걱정되는 나라에서 누가 희망을 갖고 아이를 낳겠는가?

노인이 자살하는 사회,
노인의 날에도 공산주의 타령하는 대통령

매년 10월 2일은 '노인의 날'이다. 그런데 노인의 날에도 대통령은 공산주의 타령을 한다. 2023년에는 "공산 세력으로부터 자유 대한민국을 지키고 자유민주주의와 시장경제에 기반을 두어 성장의 기틀을 세운 어르신들의 헌신을 잊지 않을 것"이라고 했다. 어르신들을 치하하는 척했지만, 하고 싶은 말은 철 지난 이념 논쟁이었다. 노인 문제에 대해서는 아예 인식이 없는 것인지, 아니면 관심이 없는 것인지 모를 일이다.

한국은 노인 자살률이 세계에서 가장 높은 나라다. 한국의 노년 세대는 의료 발달로 예상보다 평균 수명은 무척 길어졌지만, 높은 노인 빈곤율로 삶의 질은 떨어지는 편이다. 높은 노인 자살률은 이러한 의료적 문제 및 경제적 문제와 무관하지 않을 것이다. 다만 오래 사는 것만이 중요한 게 아니라 '건강하고 행복하게' 오래 사는 것이 중요한 세상이 됐다.

한국의 빈곤 문제의 핵심은 노인 빈곤 문제다. 한국의 노년 세대는 젊은 시절 열심히 일해 가족을 건사하고, 심지어는 소를 팔아서 자식을 대학에 보내는 교육열로 한국 사회를 여기까지 발전시키는 데 큰 역할을 한 사람들이다. 그중 일부는 자산을 형성하여 부유한 노년을 보내고 있지만, 상당수는 자산도 없고 노동력도 상실했으니 노후에 천덕꾸러기 신세로 전락하는 것이 현실이다. 오늘날엔 중년의 자식들도 먹고살기 바쁘니 부양을 기대하기도 어렵다.

실상이 이런데도 기초생활보장제에서 피부양자 제도는 아직도 그대로다. 이 제도는 가난을 대물림하게 하는 대표적 제도이다. 나도 현역 국회의원 시절에 열심히 이 제도의 폐지를 주장했지만, 그때마다 정부는 예산 타령만 했다. 노인요양시설도 좋은 곳은 돈 없으면 못 간다. 80대에 접어든 노인은 밥해 먹기도 어렵고 식당을 전전하는 일도 부담스러운데, 실버타운은 몇 개 되지도 않는데다가 고가이다.

국민연금은 지금의 노년 세대에겐 그림의 떡이다. 1990년대 말 국민연금이 전 국민을 대상으로 확대되던 시기 이분들은 이미 50대에 이르렀기 때문에 국민연금을 오래 낼 수 없었던 탓이다. 기초연금 역시 유공자 수당, 장애인 수당, 심지어는 기초생활수급 대상자까지 수급액(수당)을 다 공제해 버리니 많은 사람에게 빛 좋은 개살구다. 앞으로의 노년 세대에게 복지 제도의 전망은 밝지 않다. 국민연금 제도에 대한 개혁이 필요하다는 논의는 무성했지만, 제대로 된 대책이 전혀 강구되지 못했다.

한국의 국민연금은 애초에 적립식으로 시작했는데, 노년층

비율이 늘어나면서 적립되는 총액보다 지급되는 총액이 더 많아질 테니 현재 노년 세대를 위한 지급액을 더 늘리기도 어렵다. 더구나 점점 지속 가능성이 떨어지니 청장년층에게도 노후 대책이 되지 않는다. 국민소득 수준과 비교했을 때 보장 수준이 지나치게 낮다. 한마디로 말해, 대한민국의 노인 복지 제도는 지금도 엉망이고 전망도 엉망이다.

이런 상황에서 공산주의 타령하는 대통령의 노인의 날 메시지를 듣고 처음에는 한심하다 못해 헛웃음이 나왔다. 가만히 우리의 미래를 생각해 보면 엄청난 비극이 아닐 수 없다. 더구나 대통령의 인식은 6·25 전쟁 직후 반공이 국시였던 시대에 머물러 있다. 그저 군부대를 시찰하고 공산전체주의 타령만 하면 그게 자유민주주의인가? 본인의 권력으로 개인의 자유를 억압하고, 민주주의 파괴에 앞장서면서 자꾸 그런 말을 하니 더 희화화되고 비웃음의 대상이 된다.

심지어 이번 정부에서 노인요양시설 예산은 반 토막을 냈다고 한다. 그렇다고 다른 대책이 있는 것도 아니다. 무슨 일을 어떻게 해결하겠다는 문제의식이라도 있는지 의심스럽다. 세수는 모자라고, 경제성장률은 떨어지는데, 수명은 늘어나고, 노후 대책은 턱없이 부족하다. 노인 복지나 연금만이 문제가 아니라 나라의 지속 가능성을 위해 할 일이 태산이다. 그런데도 노인의 날 메시지라고 내는 게 공산주의 타령이라니 대한민국의 미래가 진심으로 걱정된다.

아이를 낳아 키우고 싶지 않은 나라

생존을 위한 합리적 선택이 저출산인 나라

2023년 8월 30일 통계청이 발표한 '인구 동향'에 따르면, 2분기 합계출산율은 0.7명을 기록했다. 역대 최저치다. 합계출산율은 여성 한 명이 평생 낳을 것으로 예상하는 평균 출생아 숫자다. 지난해 합계출산율이 0.78을 기록했는데, 갈수록 낮아지고 있다. 이런 추세라면 올해 합계출산율은 0.7명마저 깨져 0.6명 선이 되는 것 아닌가 하는 우려마저 나온다. 안 그래도 한국은 합계출산율이 OECD 회원국 38개국 중 가장 낮은 나라다. 2021년 기준 OECD

회원국의 합계출산율 평균은 1.58명이었고, 당시 0.81명을 기록한 한국을 제외한 회원국 37개국이 모두 1명 이상이었다. 통계에서도 보다시피 합계출산율은 갈수록 낮아지고 있다. 문제는 결혼 건수도 전반적으로 줄어드는 추세라는 것이다.

한국의 인구는 2019년 11월부터 44개월째 자연감소 중이다. 높은 자살률과 낮은 출산율이 말해주는 바는 간단하다. 생명을 경시하는 사회는 태어나는 생명을 환대해 준다고 기대할 수도 없는 사회라는 뜻이다. 다른 선진국들과 지나치게 차이 나는 출산율, 엄청난 예산과 정책적 지원에도 끄덕하지 않고 오히려 줄어드는 출산율의 함의는 한마디로 우리 사회의 젊은이들이 스스로 재생산을 거부한 것, 즉 재생산 보이콧이다.

2020년 4월 17일 한국보건사회연구원이 발표한 '저출산·고령사회 대응 국민 인식 및 욕구 심층 조사 체계 운영' 정책 현안 보고서(128페이지의 표 참조)에 따르면, 만 19~49세 성인 남녀 2천 명을 대상으로 결혼과 출산에 관한 생각을 설문 조사한 결과, 아이를 낳지 않는 이유로 미혼과 기혼 모두 '경제적 불안정'을 가장 많이 답했다. 아이가 생기지 않기 때문, 즉 불임을 이유로 든 비율은 미미했다.

한마디로 한국에서는 출산 자체보다도 출산 후 아이를 키우고 삶의 질을 유지하기 위한 기본적인 육아, 교육 및 주거 비용이

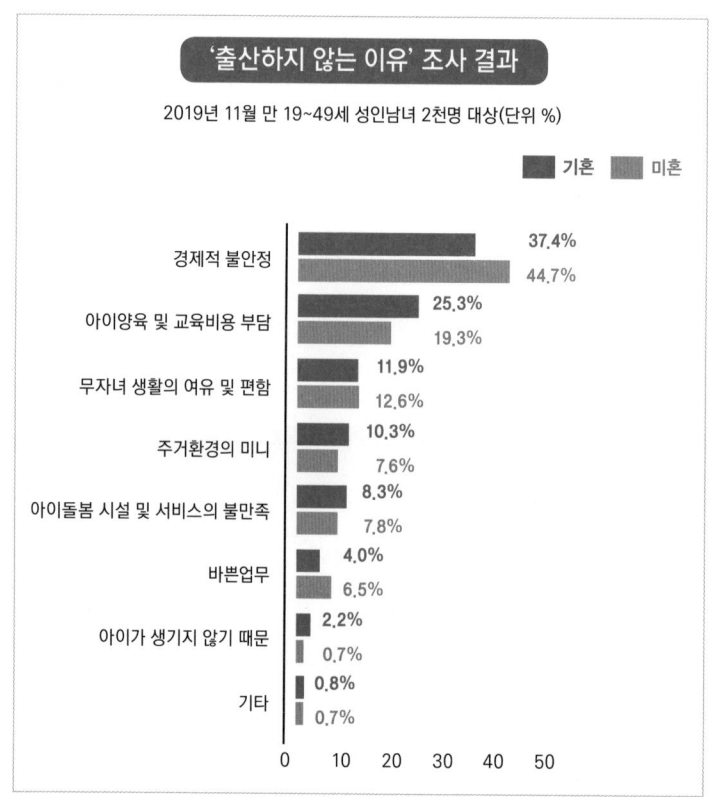

(출처: 한국보건사회연구원)

과다하다는 데 저출산의 원인이 있다. 즉, 현재의 일자리 수준과 소득 수준으로는 출산 후 육아 및 삶의 질을 유지하기에 역부족이라는 뜻이다.

다만, 아이를 낳지 않는 이유는 소득 수준별로 다소 다른 걸로 보인다. 2023년 4월 17일 〈한국경제신문〉이 여론조사 업체 입소스에 의뢰해 25~45세 남녀 800명의 '결혼·출산 인식'을 2주간(3월 30일~4월 12일) 온라인으로 설문 조사한 결과에 의하면, 전체 응답자의 48.8%가 "아이 가질 생각이 없다."라고 답했다. 또한 월급 1,000만 원 이상 고소득층 중 61%가 "아이 가질 생각이 없다."라고 밝혔고, 월 소득 200만 원 미만 저소득층의 출산 기피 비중도 59%나 됐다. 소득 최상위 계층과 최하위 계층이 다른 계층보다 아이를 낳겠다는 생각이 적었다. 고소득층은 육아에 구속되지 않고 여유로운 노후를 보내고 싶다는 이유를 들었고, 저소득층은 경제적 부담을 호소했다.

 이 결과를 보면, 한국은 고소득층은 소득이 높은 대신 너무 바쁜 생활로 인해 아이를 낳아 키울 여유가 없고, 저소득층은 경제적 부담이 커 아이를 낳아 키울 수 없다는 걸 알 수 있다. 즉, 고소득층에 대해서는 일과 삶의 질 조화, 저소득층에 대해서는 소득 수준과 복지 지원 및 인프라의 부족이 원인임을 알 수 있다. 이는 소득 수준별로 대책도 달라질 필요가 있다는 걸 시사한다.

 특히 고소득 여성은 육아 관련 사회 인프라가 턱없이 부족하기 때문에 출산 시 커리어 면에서 손실이 막대하고, 경력 단절의 위험도 감수해야 한다. 아직도 우리나라는 가부장적 사회 분위기가 상존하고 있어서 집안에서는 육아의 부담이 상당 부분 여성에 전가되어 있는 경우가 많다. 하지만 사회적으로는 남녀가 비교적 평등하므로, 직장에서의 치열한 경쟁에서는 육아 부담을 상대적으로 더 많이 떠안는 여성이 절대적으로 불리하다. 반면, 남성은 고소득이거나 자산이 많을수록, 경쟁이 치열한 분야에 종사할수록 배우자가 가정이나 육아에 전념하기를 바라는 경향이 있다(남편 본인이 원하지 않더라도 시부모가 며느리에게 그런 압력을 가하기도 한다).

결국 한국 사회에서는 경쟁이 치열한 분야에 종사하는 여성, 즉 고소득 여성일수록 출산과 육아를 기피하게 된다. 따라서 고소득층을 위한 저출산 대책은 출퇴근 시간 단축, 직장 혹은 근처 도심의 보육 인프라 증설과 돌봄 관련 노동 시장의 확대, 경력 단절 문제 해소, 근로 시간 단축 및 휴식 시간과 휴일, 육아휴직 보장, 궁극적으로는 노동 생산성 향상 등을 고민해야 한다.

반면, 저소득층에 대해서는 경제적 어려움이 문제이므로, 소득 보장 방안, 공공보육과 돌봄 인프라 및 지원의 확대, 주거비 절감을 위한 공공임대와 공공분양 등 공공주택 인프라의 대폭 확대, 사교육비 절감을 위한 공교육의 질 향상과 방과 후 교육을 위한 바우처 도입, 대학 이상의 고등 교육을 위한 국가 지원 확대 등을 생각해 볼 수 있다. 물론 비혼, 무자녀 선호 등 가치관의 변화도 출산율 저하의 원인이겠지만, 이 문제는 당장 국가나 사회가 해결하거나 개입하기 어려우므로 정책적 접근은 경제적, 환경적 요인에 따른 저출산을 해결하는 데 집중되어야 한다.

앞서 분석한 저출산 문제의 원인을 극복하려면 제도 개선을 넘어서 사회의식의 변화가 수반되어야 한다. 과거 개발독재 시절 방식인 고강도 노동만이 능사가 아니라, 삶의 질과 복지 등을 통해 국민의 행복권을 보장하지 않으면 한국 사회가 더 나아갈 수 없음을 깨달아야 한다. 특히 노동 생산성을 높이지 않으면 우리 사회의 성장은 한계가 있다는 것을 인식해야 한다. 이를 위해서는 정부와 국회 등 시스템을 마련하는 기관들이 시대적 변화를 제대로 읽고 그에 맞는 새로운 질서를 구축해야 한다.

앞서 저출산은 '사회 재생산의 보이콧'이라고 했다. 어쩌면 이는 현재 대한민국에 사는 우리네 젊은이들의 생존법이기도 하다. 자신의 노후가 걱정인데, 아이 밑에 다 투자할 수는 없는 노릇 아닌가? 게다가 아이를 낳고 싶어도 그 아이가 살아갈 미래에 일자리, 복지, 노후 등 삶에 큰 영향을 미치는 문제들을 감당할 수 있을까, 행복할 수 있을까 하는 물음에 답하기 어렵다면? 그러니 저출산은 실은 단순한 출산과 육아, 교육 여건의 개선만으로는 근본적 해결이 어렵다.

이는 노후 문제, 일자리 문제, 산업 구조의 전환과 경제 성장의 문제 등이 복합적으로 연결된 문제이다. 한마디로 희망이 없는 나라, 미래가 불확실한 나라에서 아이를 낳아 키우고 싶지 않은 것은 당연한 일이다. 이제는 과거와 같은 케케묵은 인식만으로는 현재 우리가 당면한 위기를 극복할 수 없다. 보수든 진보든 상대방을 쓰러뜨리려는 소모적인 대립을 중단하고, 아이를 낳아 키우고 싶은 사회를 만드는 데 그 역량을 집중해야만 한다. 우리에겐 시간이 얼마 남지 않았다.

출산과 육아 비용 투자는
사회 전체의 행복을 위한 투자

나도 결혼과 출산이 늦어진 가장 큰 이유가 커리어에서의 성공과 경제적 안정에 집착했기 때문이다. 더구나 IMF 이후 몰락한 친정 상황에서 장녀의 책임도 컸고, 스스로 경제적으로 자립하지 못한 상태에서 섣불리 결혼하고 아이까지 낳으면 삶의 무게를 감당하기 어려울 거로 생각했다. 결국 동생들도 다 자리를 잡고, 작지만 내 집도 마련하고, 친정에 경제적 지원을 하고도 여유 있는 생활이 가능해지고서야 결혼과 출산을 생각하게 되었다.

결혼하자마자 계획하지 않은 임신을 하게 되었는데, 그때도 앞으로 내 커리어와 육아를 병행할 수 있을지에 대한 스트레스가 심각했다. 다행히 나는 남편과 시댁의 전적인 위로와 지원으로 집안일을 거의 신경 쓰지 않고 나와 태아의 건강, 회사 일에 전념할 수 있었지만, 그러지 못한 집안이 얼마나 많겠는가?

남자들은 이해하기 어렵겠지만, 배가 점점 불러오면서 몸의 상태가 변해 가고 임신 초기 입덧으로 어려움을 겪으면서 신경이 얼마나 날카로워졌는지 모른다. 그런 상태에서 바쁜 회사 일에 가끔 해외 출장까지 가야 하는 상황이 얼마나 힘들었는지 모른다. 그러다가 임신 6개월쯤 되어서야 점차 심리적 안정감을 찾아갔던 것 같다. 그런데 나중에 출산 후 퉁퉁 부은 내 모습에 나는 또다시 예민해졌다. 비교적 침착한 성격인데도 호르몬 변화 때문인지 갑자기 울고불고하면서 한동안은 내가 낳은 아이도 원망스러울 때가 있었다.

나도 그랬지만, 이런 내 변화와 예민함에 남편은 어쩔 줄 몰라 하면서 내가 하고 싶은 것, 먹고 싶은 것 맞춰 주느라 쩔쩔매곤 했다. 한겨울에 딸기가 먹고 싶다고 했을 때 남편이 동네 가게들을 다 뒤지다가 결국 배스킨라빈스에서 냉동 딸기로 만든 딸기 아이스크림 케이크를 사 들고 왔던 일도 있었는데, 추운데 돌아다니느라 얼굴이 벌게져 있었다. 얼마나 미안했던지…. 그만큼 임신과 출산은 여성에게 엄청난 일이다.

아이를 낳은 뒤로 우리는 입주 육아 도우미를 고용했다. 처음에는 한국인을 쓰다가 나중에는 사람이 없어서 조선족을 썼다. 한국인을 쓰고 싶었지만 어쩔 수 없었다. 그래도 아이에겐 엄마가 중요하다는 생각에 나는 항상 뛰어다녔다. 육아 도우미가 오지 않는 주말에는 모든 게 난장판이었다. 아이를 어르고 챙기고 먹을 거 만들고 청소하고... 하다 보면 하루가 다 간다. 좀 쉬고 싶고 여유도 부리고 싶은데, 그러다 보면 직장 내 경쟁에서 밀릴까 신경이 날카로워진다. 바빠 죽겠는데 시댁에서 무슨 날이라고 모인다고 하면 스트레스다. 파김치가 된다. 나중에 시어머니께서 나는 아이 보라고 모든 걸 면해 주셔서 그나마 다행이었지, 그렇지 않았다면 폭발했을 거다.

집을 직장 바로 옆으로 이사하고 점심때만 되면 집에 왔다 가기도 하고 출퇴근 시간을 아껴서 조금이라도 아이랑 같이 있으려고 했다. 아장아장 걸음마를 막 시작할 때, 말을 시작할 때, 어린이집을 다닐 때, 한창 귀여울 때 나는 아이랑 시간을 많이 보내지 못했다. 그 애에겐 미안한 감정과 그 사랑스러운 아이와 함께 행복한 시간을 만끽하지 못한 아쉬움이 늘 남아 있다.

아이가 어린이집에 보낼 수 있는 나이가 되면 좀 편해진다. 그런데 때때로 새벽에 나가고 밤에 들어올 때면 매우 난감하다. 어린이집이 전부 새벽에 열고 밤늦게까지 하긴 어렵기 때문이다. 설사 그 정도의 시스템이 되는 곳이라 해도 새벽에 아이를 깨워 졸린 눈을 비비는데 어린이집에 맡기고 돌아서야 하고, 밤에 모두가 가고 없는 텅 빈 어린이집에 혼자 남아 엄마를 기다리는 아이를 보는 엄마의 마음은 찢어진다. 뭔가 아이에게 못할 일인 것 같기도 하고, 뭘 위해 직장을 다니는가 하는 회의가 들기도 한다.

어린이집이 새벽부터 밤까지 열 정도가 되려면 보육교사 수가 교대할 수 있을 만큼 많아야 하므로 규모가 어느 정도 되어야 한다. 그런데 그렇게 규모도 크고 시설이 좋은 곳은 대부분 대기가 줄을 서 있고, 금방 들어갈 수 있는 작은 가정어린이집들은 보육교사 수가 몇 명 안 되어서 여의치 않았다. 그게 전부 예산 지원하고 직결되어 있는데, 행여 임금 상승 등에 따른 예산 증원이 제대로 안 될까 봐 예산 심의 때마다 어린이집도, 엄마들도 마음을 졸였다. 모두가 신경이 예민했고, 힘들었다. 할 짓이 아니란 생각이 들었다. 그러니 육아 도우미를 쓸 여유도, 부모님이 도와주실 상황도 안 되면 어쩌란 말인지 알 수 없다. 직장은 멀고, 출근이 빠르고 퇴근이 늦으면 더하다. 무슨 영화를 누리겠다고 파김치가 되어 이 난리를 치는 걸까 하는 생각이 안 들 수가 없다.

우리 집만 해도 여유가 있는 편이었지만, 평범한 직장인 맞벌이 부부였던 여동생네 집안에선 육아 때문에 어쩔 수 없이 여동생이 직장을 그만뒀다. 그 이후로 여동생은 남편이나 시댁이 조금만 서운하게 하거나 야심 차던 젊은 시절이 생각날 때면 서러움에 못 이겨 울면서 내게 전화하곤 했다. 나중에 전공을 살려 조그만 동네 미술학원을 경영하면서 좀 나아지긴 했어도 과거 멋진 커리어 우먼이었던 때를 지금도 그리워한다.

그러면서도 매일 동생은 집안일을 손에서 놓지 못한다. 가사 도우미를 가끔 부르라고 해도 그럴 여유가 없다며 기어이 직접 음식도 청소도 다한다. 젊을 때 내로라하는 미인이었던 동생은 나가면 남자들이 다들 돌아보곤 했다. 그런데 집안일과 육아에 치여 얼굴이 상한 동생의 모습에 나는 안쓰러운 마음이 들곤 했다. 그래서 나는 여동생네 집에 갈 때마다 "자기 자신부터 사랑해야 해."라며 "놀러 가자. 발마시지라도 받으러 가자."고 데리고 나가곤 한다. 동생은 내가 마사지 광인 줄 알지만, 그 애가 내 마음을 알긴 알까?

어쨌든 내 경험에 비추어 보면, 요즘은 여성도 똑같이 경쟁하는 시대이기 때문에 출산과 육아가 제대로 되려면 남편이 함께 분담하고 가족이 전적으로 지원해 주며 직장이나 사회가 충분히 배려해 주어야 한다. 그만큼 큰일이란 얘기다. 물론 아들에게 "네가 세상에 없었으면 엄마 어쩔 뻔했을까?"라고 말하지만 말이다. 정신없이 지나간 임신, 출산과 육아의 시간은 지금에 와서는 소중한 추억이 되었다. 몸은 힘들고 북적거리고 아웅다웅했지만, 그래도 그때가 인생의 황금기였고, 양가 가족들도 아이의 출산과 육아를 도우면서 함께 행복했던 시간이었다. 이제는 부모님도 편찮으시거나 돌아가시고, 우리 부부도 나이 들어가다 보니 인생에 슬픔과

아쉬움이 더 많아졌다.

워낙 젊을 때 친정 집안의 경제적 어려움 탓에 스트레스를 많이 받았던 터라 대기업 임원으로 자리 잡았을 때 나는 홀가분하게 인생을 즐기고 싶었다. 아마도 지금의 남편을 만나지 못했으면 그랬을지도 모른다. 하지만 내가 힘들 때마다 내 곁을 지켜준 사람은 남편이었고, 나를 강하게 단련시킨 건 아이의 존재였다. 나 자신의 성공과 행복 외에 세상에 대해 관심을 갖게 된 것도 임신하고 아이를 낳으면서부터다.

내가 더는 저 아이를 지켜줄 수 없게 되면, 저 아이는 어떻게 살아갈까? 세상의 풍파에서 어떻게 살아남을까 하는 걱정이 내가 세상에 관심을 갖게 하고 이 세상이 더 정의롭고, 더 안전하고, 더 살기 좋아지길 바라고, 그걸 위해 내가 노력하게 하였다. 어쩌면 내가 아이를 키운 게 아니라, 아이가 나를 크게 하고, 그 아이를 키우면서 내가 행복했던 게 아닐까 하는 생각을 해 본다. 그래서 대한민국의 젊은이들이 그 어렵지만 행복한 일을 하고 싶은데도 돈, 시간, 제도, 직장 등 여타 이유로 못해서는 안 되지 않을까? 출산과 육아를 위해 사회가 지출하는 비용은 '비용'이 아니다. 사회 재생산과 사회 전체의 행복을 위한 '투자'이다.

PART 04

세계화와 탈 세계화

우리는 자유무역 및 자유시장경제의 약점,
즉 시장의 실패를 보완해야 하지만, 국가 권력과 정치가 이념으로
경제를 지배하려 들면 경제 교류는 얼어붙어 전체적 부가 줄어들고
그럴수록 경제적 약자가 더 힘들어진다는 사실을 알 수 있다.
이는 사회주의 경제 체제의 쇠퇴와 몰락에서도 입증된 사실이다.
이제는 경제를 보는 관점을 바꿔야 할 때다.

나는 세계화의 물결로 공산주의 국가들이 몰락하거나 개방되고, 자유와 풍요가 넘치는 시대, 즉 90년대에 대학을 다녔다. 교정에서는 다양한 패션과 데이트족이 넘쳤고, 배낭여행, 락카페 등이 유행했다. 그래서 우리 또래는 대부분 누구로부터 지배받거나 통제받는 걸 체질적으로 참지 못한다. 권위적인 건 재수가 없다. 한마디로 국내 정치의 측면에서는 자유화, 그리고 국제 경제의 측면에서는 세계화의 수혜를 입으면서 성장해서 그 수혜가 무엇인지를 직관적으로 이해하는 세대다.

1970년대 생인 내 또래 X세대는 물론이거니와, 그 아래 세대인 이른 바 MZ세대(1980년대 초반에서 1990년대 중반생인 밀레니얼 세대와 1990년대 중후반에서 2010년대 초반생인 Z세대를 합한 말)는 자유와 세계화의 가치를 본능적으로 이해하고 있다 그러나 한국 정치의 양당제 구조는 산업화 세대(1940년대~1950년대 생)와 민주화 세대(1960년대 생)의 대립을 그 기저에 깔고 있기 때문에, 사실상 사회 구성원 다수에게 너무나도 자연스러운 자유와 세계화의 가치가 제대로 이해되지 못하고 있다,

윤석열 정부가 말하는 자유의 모순

선한 의도로 악한 결과를 낳는 더불어민주당?

나는 더불어민주당에서 정치를 시작했고 국회의원을 2번이나 했다. 싫든 좋든 더불어민주당이 내 뿌리였던 셈이다. 그런데 더불어민주당의 주류인 86 운동권은 경제인 출신인 내가 보기에 지나치게 비현실적이고 이상주의적인 세계관을 가지고 있었다. 물론 그들의 이상은 심정적으로 공감이 가는 면이 있었지만, 그 경로가 지나치게 비현실적이었다. 운동권 특유의 집단주의와 계급 투쟁적 세계관의 벽이 너무 높았다. 그래서 글로벌 시장경제가 확립된 한국 사회의 현실에선 작동할 수 없는 정책을 연거푸 남발했으니, 어떤 면에서는 '비주류적 세계관'이라고 말할 수 있겠다.

나는 그 비주류적 세계관과 갈등하다가 결국에는 더불어민주당을 떠나게 됐다. 나는 그런 세계관에서 비롯된 정책들을 두고, '선한 의도로 시작해 악한 결과를 낳는' 정책이라고 말한다. 아무리 그럴듯하게 들리면 뭐 하나, 결과가 그 의도대로 나오지 않는다면 그건 나쁜 정책이다. 더구나 국민소득 3만 달러가 넘는 선진국 대한민국에서 대다수 국민은 이미 글로벌 자본주의에 적응해 각자 자신의 건강한 욕망을 추구하고 있고, 민주당 지지층이야말로 대다수가 수도권 중산층, 수도권의 화이트칼라들 아닌가? 그런데도 그들은 자신의 지지층이 어떻게 살고 무얼 원하는지 모르고 있었다.

예를 들어 내가 최저임금을 너무 급격하게 올리는 문제에 대해서 신중히 해야 한다고 말하면 그들은 "그 돈(=낮은 최저임금)으로 어떻게 살란 말이냐? 너무한 거 아니냐?"라며 언성을 높였다. 인상하지 말자는 게 아니라, 시장 상황을 봐 가면서 역효과가 나지 않는 최선의 수준을 고민해 보자는 건데, 그런 주장을 하면 대뜸 반발하며 피도 눈물도 없이 노동자를 착취하는 악덕 고용주 취급을 했다.

만약에 정말로 최저임금을 높이는 것만으로 불평등의 문제가 해결될 수 있다면 당장 최저임금을 2만 원으로 인상하면 될 것이다. 물론 정말로 그렇게 한다면 수많은 기업이 도산하거나 경쟁력을 잃게 되어 사업을 접게 되고, 불평등은 개선되기는커녕 더 심화할 수밖에 없다. 국가 배급 경제도 아니고, 임금도 경영의 관점에선 비용인데 당연히 주는 회사, 주는 가게의 사정을 봐 가면서 올리는 것이 당연하다. 최저임금 자체는 국가의 역할이란 것을 인정하지만, 국가 권력이 시장의 원리를 현저하게 거스르는 정책을 추구한다고 의도한 효과가 나는 것은 아니다.

시장은 이념이나 도덕으로 굴러가지 않는다. 시장의 실패에 대해서는 정부가 할 역할이 분명히 있지만, 그 역할을 너무 크게 잡아서 주객이 전도되면 이념이 경제를 좌우하던 공산주의의 몰락이 재현될 수밖에 없다. 지금 와서 보면 너무나 당연한 말인데 불과 몇 년 전까지만 해도 더불어민주당은 그랬다.

선한 의도조차 없는 이기적인 국민의힘?

그런데 국민의힘에 와서 보니 이곳은 또 다른 극단, 아니 더한 극단이었다. 그들은 아예 시장의 실패나 정부의 역할 자체를 인정하지 않으려 했다. 미국에서 공부한 사람이 많으니 이해가 가는 면도 있었다. 하지만 우리나라처럼 공간도 좁고 자원도 부족한 나라는 미국 같은 곳과는 달리 완전한 방임 경쟁이 어렵다는 것이 내 생각이다. 옹기종기 좁은 곳에서 부대끼며 더불어 살아온 우리네 농경민들의 운명과 드넓은 곳을 달리며 개척하며 살아도 별로 부딪히는 일 없이 알아서 살아온 그들의 운명은 다르다.

유럽에서 사회민주주의가 발달한 이유 역시 그것 때문이 아닐까. 물론 사민주의도 시대의 변화에 따라 새로이 적응해야겠지만 말이다. 어느 나라나 지리적이고 지정학적인 운명이 그 나라의 시스템에 영향을 끼치지 않을 도리가 없다. 한국에서 미국식 완전한 방임 경쟁을 추구하다간 잦은 다툼이 발생하고, 심하면 내전 같은 상황이 발생할 수도 있다고 생각한다.

현실의 국제 경쟁 속에서의 산업 생태계를 알고 시장 원리를 이해하면서도 정부와 공공의 역할을 일정하게 인정하는 정치가 그토록 어려운 걸까? 대한민국 중산층 다수는 그 정도를 원하고 있지 않을까?

내가 이해하는 자유는 윤석열 정부식으로 "공산주의가 싫어!"라면서 대립을 조장하는 이념이 아니라 '개방된 경쟁'이다. 그리고 민간 영역에서 '개방된 경쟁'을 추구하려면 독점과 지대 추구에 반대해야 한다. 또한 민간 영역의 개방된 경쟁을 위해선 권력기관이 민간 영역을 함부로 통제하는 것을 막아야 한다. 말하자면 권력기관에 대한 민주적 통제가 필요한 것이다. 그런데 지금 윤석열 정부가 말하는 자유는 권력이 민주적 통제를 벗어나 민간 영역을 통제하고 숨 막히게 하는 것이니, 자유주의자가 원하는 자유와는 정반대 방향이다.

특히 최근엔 국회가 권력기관에 대한 민주적 통제 역할을 방기하는 것이 크나큰 문제다. 특히 대통령제 국가에서 입법부는 행정부를 견제해야 할 헌법적 의무가 있는데, 최근의 여당은 그 역할을 완전히 방기하고 마치 정부와 여당이 한 몸으로 움직이는 내각제 국가의 여당처럼 움직인다. 내각제 국가의 여당은 총선에서 심판받으면 정부와 같이 불신임당하고 정권 교체를 당하게 된다. 그런데 내각제가 아닌 총선과 대선이 구분된 대통령제 국가의 여당이 행정부 견제의 역할을 방기하는 것은 잘못되었다. 망국적 진영병에 함몰되어 헌법 질서니 기본권이니 근대 민주주의의 원리니 하는 가치를 모조리 무너뜨려 놓고 부끄러운 줄도 모르는 참담한 풍경이다. 우리 정치는 어디까지 굴러떨어져야 하는 것일까?

결국 이런 식으로 정부와 여당이 한 몸처럼 가면 민심은 내각제 원리대로 정국을 움직여 갈 것이다. 즉, 여당과 대통령을 동일시할 것이고, 여당은 대통령의 책임을 그대로 뒤집어쓸 수밖에 없다. 총선과 대선이 일치되는 효과이다. 그러니 국민은 자연스럽게 다가오는 총선을 대통령에 대한 불신임 여부, 즉 중간평가를 묻는 선거로 인식하게 된다. 만약 여당이 참패하면 대통령은 불신임당한 것과 같은 효과를 받을 테니, 힘을 잃은 대통령은 결국 국정 유지가 어려운 상황에 직면할 수 있다. 그런 사태를 피하려면 결국 대선과 총선을 분리해야 한다. 즉, 대통령이 여당을 탈당하고 거국 내각을 꾸리면서 여당은 대통령으로부터 완전히 독립하는 것이다. 다만, 이제는 총선이 너무 다가와 버려 그러기엔 너무 늦은 게 아닌가 하는 생각도 든다.

화물연대 파업 진압 과정에서 알게 된 윤석열 정부식 '자유'의 모순

나는 윤석열 정부가 화물연대의 파업에 맞서 업무개시명령 발동으로 대응하는 것을 보고 그들이 생각하는 자유가 내가 생각하는 자유와 전혀 다르다는 사실을 또 한 번 깨달았다. 화물연대는 법률적으로 자영업자들의 모임이다. 많은 선진국에서 이런 경우에 노동자, 노조의 지위를 인정하는 예가 있다고 들었지만, 아직 우리 법제상은 자영업자이다. 게다가 정부도 스스로 그렇게 주장했다.

그렇다면 자영업자가 "내가 너무 싸게 받고 있어서 나 영업 못 하겠어."라고 주장하는데, 국가 권력으로 그러한 시도를 진압한다는 것이 말이 될까? 자영업자에겐 "이 정도 수입으로는 도저히 못 하겠어. 그러니까 나 안 할래. 한번 내가 안 했을 때 시장이 어떻게 되는지 봐."라고 행동할 권리가 있다. 시장경제 사회에선 개인의 이기심으로 열심히 일하는 것이 장려되지, 다른 사람들을 위해 일하는 것이 아니기 때문이다. 자영업자들이 영업을 그만뒀을 때, 시장에 나타나는 충격을 감안해서 운송비를 올려줄지 말지를 결정하는 것이 시장경제의 메커니즘이다.

더구나 이 경우는 정규 노조의 파업이 아니기 때문에 일을 그만두면 그들 스스로 돈을 벌지 못하는 상황이었다. 따라서 나는 화물연대에 대한 정부의 업무개시명령 자체에 위헌적 요소가 있었다고 생각한다. 과거 나라 경제를 위해 개인의 노동권, 영업권은 희생해도 된다고 생각했던 개발독재식 사고였다. 쇠구슬을 사용한 폭력이 있었다면 그것은 비난받아 마땅하고, 그것대로 불법 행위로 처벌했어야 하는 문제이다. 하지만 그렇다고 자영업자들이 '영업하지 않을 자유'까지 침해할 수는 없었다고 생각한다. 시장이란 것은 그렇게 돌아간다. 일하는 사람에게 더 힘든 걸 요구하려면 비용을 더 쳐 줘야 마땅하다. 가령 새벽 운송이나 휴일 운송 등을 시키려면 소비자가 더 큰 비용을 내야 한다.

끊이지 않는 화물연대 파업 사태는 근본적으로 육상화물 시장의 열악한 상황과 후진성에 기인한다. IMF 이후 운송업자들이 직접 고용하던 노동자들을 지입차주로 아웃소싱하면서 본인들은 중개 서비스만 하기 시작했다. 그렇게 하면서 운송업자들은 중개 수수료를 버는 구조의 시장이 되었고, 정보나 협상력이 비대칭적인 개별 차주들 입장에선 굉장히 열악한 시장일 수밖에 없었다. 처음에는 화물 운송업을 영위하려면 노동자들을 고용할 역량이 되어야 하고, 허가도 받아야 하는 등 진입 장벽도 있었기 때문에 노동자들도 처음엔 지입차주가 더 편하고 수익도 낫다고 생각해서 이러한 아웃소싱에 동의했을 것이다.

하지만 개인 차주의 진입 장벽이 전혀 없으니, 경제가 커질수록 너도나도 신규 진입하면서 시장이 과잉 경쟁이 되었지만, 그 과정에서 다른 나라처럼 노동자들의 문제가 관심사가 되거나 대우받지 못했다. 기름 값, 통행료, 보험료, 주차료 등 일체의 비용도 차주들이 부담해야 하고, 운송업계의 그러한 행태들에 대해서 누구 하나 제동을 건 적이 없이 여기까지 오게 됐다.

그러다 보니 급히 이 문제의 불을 끄느라 운임을 고정하기 시작한 건데, 이것도 대단히 기형적 해결책이었다. 화물 고정 운임제, 그러니까 안전운임제도 지속 가능한 대안이 아니었다. 3년 전에 안전운임제 일몰제를 도입했을 때는 사실 일몰제가 끝나기 전에 대안을 내놓겠다는 취지였다. 그런데 일몰제 도입 이후 3년간 정부도, 국회도 아무도 고민하지 않았고 누구도 대안을 내놓지 않았다.

만약에 운송 서비스의 공급 주체가 기업이라면 규모의 경제가 요구되어 신규 진입에 한계가 있고, 노동자 고용을 시장 상황에 맞출 테니 자연스레 적정 운임이 유지될 수 있었을 것이다. 문제는 지금의 시장 상황에선 지입제에 따른 개별 차주들이 공급 주체이기 때문에 시장 진입이 무한대로 열려 있어서 수요자 중심 시장이 형성될 수밖에 없다는 것이다. 그런데 수요자인 화주들은 대개 대기업인지라 협상력도 강하니 현저한 정보와 협상의 비대칭성이 생긴다. 이런 시장에서 국가가 고정된 운임을 보장하는 것은 쉽지 않다. 그럴 거면 차라리 차주들을 다 국가가 고용하라는 얘기가 나오는 이유다.

문제는 산업 구조가 기형적, 비대칭적으로 발전했다는 것이다. 시장 구조가 비대칭적이라 법상으론 자영업자인데도 비대칭적 협상력을 보완하기 위해 차주들이 궁여지책으로 민주노총에 가입해서 단체행동을 하는 게 작금의 현실이었다. 그렇다면 이 시장의 구조부터 면밀히 들여다보고 점진적 개선 방향을 모색했어야 했다. 제일 바람직한 건 물류기업을 육성해서 지입차주들을 고용자로 전환하여 관리하는 것이었고, 그것이 안 된다면 앱을 활용해서 운송 주선업자의 수수료 같은 걸 절감하는 방안이라도 고민했어야 했다. 마치 택시 앱들이 생기면서 사납금을 바치는 법인택시가 급격히 줄어든 것처럼 말이다.

노조는 아니라도 자영업자들끼리 협회 같은 것을 법제화해서 협상력을 강화하고 준공공적 차원에서 관리하는 방법도 있었다. 그들을 점진적으로 고용지로 전환하지 못할 거라면, 경영 자율성을 인정하되 시장의 구조적 문제에 대해 성의 있는 대안을 들고나와야 했다. 고용자로도 전환해 줄 수 없고, 법상으론 자영업자지만 경영 자율성도 인정할 수 없다면 어쩌란 말인가?

하지만 현 정부는 시장경제를 어떻게 운용해야 하는지는 전혀 생각하지 않고, 그저 화물연대 파업을 진압했다는 사실에 만족하는 듯하다. 이래서야 저항의 근본 원인, 시장의 원인, 물류산업의 구조적 원인은 하나도 해결이 안 된 상태로 그저 폭발 시기가 지연될 뿐인데, 그 불만이 억눌려 있다가 나중에 폭발하게 되면 어쩌려는가? 급격한 성장과 세계화 과정에서 생긴 문제를, 시장의 왜곡된 구조에서 생기는 부담을 차주들에게만 전가하는 것도 합당하지 않다.

이렇듯 우리나라는 급격한 성장을 거치면서 비대칭적으로 발달한 시장이 곳곳에 있다. 앞에서 본 육상물류시장이 그렇고, 조선 등 하청을 통한 제조관행이 자리 잡은 시장이 그렇다. 제조업의 정규직 노동시장에서는 노동조합의 힘에 의해 상당히 노동자들이 보호되었지만, 개별사업자 형태로 분화된 시장이나 단순프랜차이즈, 그러지 못한 외주 하청시장이나 문화예술 분야의 프리랜서시장 등 다양한 고용형태나 특수한 노동형태의 시장에서는 기형적 노사관계가 형성되었다. 그리하여 그 사각지대 속에서 보호받지 못하는 노동자들에 대해서는, '비정규직 정규직화'라는 구호만 난무한 채 현실적인 개선방안은 전혀 논의되지 못했고, 그들의 상황은 갈수록 악화되어 양극화의 원인이 되었다.

두 번의 경제 도약과
세계 경제의 대전환

대한민국은 세계화를 통해 성장했다

화물연대의 사례에서처럼 경제 성장과 세계화 과정에서 불평등이 심화하기도 한다. 이는 대부분의 선진국에서도 나타났던 현상이다. 세계화 과정에서 기업은 생산 시설을 더 임금이 싼 곳으로 이전하고 기업에 투자한 자산가들은 더 많은 이윤을 벌게 된다. 반면, 생산 시설이 떠난 자국에선 노동자들의 실업률이 높아지면서 노동시장의 공급이 늘어나고 임금 소득은 점점 줄어든다. 따라서 임금 소득자와 자산 소득자의 부의 격차가 점점 커지면서, 중산층이 쇠퇴하고 양극화가 심해지게 된다. 미국에서 2012년에 '아큐파이 월스트리트$^{\text{Occupy W. S.}}$' 운동이 일어난 것도 그러한 이유 때문이라고 볼 수 있다.

별도로 서구에선 세계화의 또 다른 부수 효과로서 난민 문제가 심화하면서 빈부 격차 및 인종 갈등이 심화한 바 있다. 우리나라도 21세기 이후 신자유주의 비판 담론이 거세게 일어나고, 2010년대 들어서 재벌 개혁 및 경제 민주화 이슈가 대두한 것에도 이러한 배경이 있다.

그러나 사실 대한민국이야말로 세계화를 통해 많은 이득을 본 사례라고 볼 수 있다. 전 세계를 '세계화 수혜 영역'과 '세계화 피해 영역'으로 나눈다면, 한국은 거의 나라 전체가 '세계화 수혜 영역'에 들어갈 것이다. 오히려 미국이나 유럽 등 기성 선진국들은 제조업이 해외로 이전되면서 많은 중임금 노동자가 일자리를 잃는 등 그 사회 내에서 세계화를 통해 피해를 본 영역의 크기가 결코 작지 않은 국가들이라고 말할 수 있다.

한국의 불평등 담론도 주로 그러한 선진국으로부터 수입되기 때문에 세계화 및 신자유주의로 양극화가 심해졌다는 진단을 손쉽게 내리게 된다. 하지만 한국은 국제 무역의 분업 구조를 통해 수출이 순조롭게 증대되는 가운데에도 대체로 저물가 및 저금리 기조를 유지할 수 있었다. 중국과 동남아시아의 저임금 노동자들이 한국 제조업의 생산성을 유지하게 해 줬으며, 그들이 보유한 대규모 인구는 한국 제조업의 황금시장이었다.

물론 한국에서도 농업 부문 등 세계화로 인해 피해를 본 영역이 일부 있겠으나, 그것은 대한민국이 세계화로 입은 막대한 수혜를 정책적으로 분배해서 충분히 복구할 수 있는 수준이었다. 더구나 한국은 세계화, 특히 중국 시장의 개방으로 엄청난 낙수효과를 누릴 수 있었다. 중국과 선진국 간의 중간재 수출로 톡톡히 재미를 봤다. 또한, 중국의 풍부한 구매력은 상대적으로 품질 경쟁력은 있지만 가격은 저렴한, 즉 가성비가 좋은 한국 제품의 수출시장으로서 큰 역할을 했다.

그러니 세계화로 인해 빈부의 격차가 벌어진 건 사실이지만, 한국의 경우 고소득층의 소득 증대율이 저소득층의 그것보다 가팔랐을 뿐 전 소득 계층의 소득이 증대하였다. 또한, 자산 소득자의 소득이 증대한 것도 사실이지만, 임금 소득자, 특히 삼성 등 대기업 근로자들의 소득도 중국 시장의 낙수효과로 크게 증대하였다. 따라서 전체적으로는 우리나라는 세계화의 수혜국이었다.

한국 경제의 역동적 발전을 위한 조건

조선 시대는 다른 어떤 나라보다도 신분 질서가 엄격한 사회였다. 서구 봉건제 사회의 농노 제도가 계약제인 데 반해 조선 시대 종의 신분은 철저히 세습되었다. 더구나 부모 중 한 명만 종이여도 자식은 모두 종이 되는 신분 제도가 유지되었으니 사회의 역동적 변화를 기대하기 어려웠다. 일제 강점기 이후 6·25 전쟁까지 겪으면서 한국 사회는 거의 폐허가 되었는데, 이러한 비극적인 시대의 참상 이후 한국에서는 본격적으로 새로운 질서가 구축된다.

이승만 정권은 북한의 토지 개혁에 자극받아 토지 개혁을 시행하였다. 비록 유상몰수, 유상분배이긴 했으나, 누구나 노력하면 내 땅(자산)을 가진 소지주가 될 기회를 주었다는 측면에서 한국 사회의 기득권을 청산하고 새로운 자본주의 질서가 뿌리내리는 계기가 되었다. 조선 시대의 봉건제와 일제 강점기의 식민지 지배하에서 핍박받고, 전후 폐허가 된 땅에서 토지 개혁을 거쳐 움트게 된 새로운 자본주의 질서는 많은 사람에게 희망을 주었을 것이다.

특히, 1960년대, 1970년대 이후 공업화가 본격화되면서, 누구나 노력하면 부자가 될 수 있다는 희망이 생겼다. 이러한 분위기는 새마을운동의 "잘살아 보세" 정신으로 이어지면서 점차 대한민국의 중산층은 두꺼워졌다.

　더구나 남북한은 냉전기 자유주의 진영과 사회주의 진영 간 체제 경쟁의 본보기가 되었던 만큼 우리는 그러한 여건을 기회 삼아 미국과 우방국들의 전폭적 지원을 잘 활용하여 급속한 경제 성장을 이룰 수 있었다.

　어느 나라든 국가가 발전하기 위해서는 1) 국민의 열망, 2) 국가의 강력한 의지, 3) 우호적 대외여건(국제 질서)가 필요하다. 계층 이동이 용이한 사회, 기회가 열린 사회여서 국민이 희망에 가득 차 있어야 한다. 건국 초기 북한보다 낙후되었던 대한민국이 북한을 앞지르고 여기까지 온 데는 여러 문제에도 불구하고 그러한 요소들이 잘 작동했기 때문이다.

　더욱이 건국 후 근대적 교육을 받은 우수한 인적 자원이 본격적으로 배출되기 시작한 1960년대 중반부터 대한민국의 잠재력은 본격적으로 발휘되기 시작했다.

　비록 낙후된 나라였고, 민주주의가 억압되던 권위주의 시대였지만, 기득권 질서가 무너진 건국 초기 이후 산업화 시대에는 계층 이동이 용이한 사회, 기회가 열린 사회였기 때문에 국민의 성장하고자 하는 욕구가 가득했을 것이다. 그러한 역동적인 사회 분위기는 경제 성장을 촉진했다. 개혁개방 초기 중국과 베트남 등에서도 한국과 같은 현상이 일어났다.

첫 번째 도약, 박정희의 수출주도성장 전략과 중화학공업화

대한민국은 크게 나누어서 산업화 시대인 1960~80년대에 '한강의 기적'이라고 불리는 고도성장의 기적을 이룬다. 또한 민주화 시대인 1990~2000년대에도 경제의 도약을 이루어 사실상 두 번의 경제 도약을 하는데, 두 번째 도약은 '세계화의 기적'이라고 불릴 만하다. 두 번의 기적은 우리의 역량 축적 때문에 가능했지만, 기본적으로는 세계사적 전환기라는 기회를 잘 활용한 것이었다.

첫 번째 도약의 시기에 한국은 박정희 정부의 수출 주도형 노선에 따라 1960년대까지 작동했던 브레턴우즈 체제의 제한된 자유무역 시기의 끝자락에 올라타 성장 동력을 얻기 시작했다. 과거 식민지였던 국가들은 세계대전 이후 독립해서 저마다 경제 성장을 위한 전략을 모색하였는데, 자국의 자원을 총동원하고 외국인 투자를 끌어들여 내수 주도형 성장 전략을 취하는 국가와 선택과 집중을 통한 수출 주도형 성장 전략을 취하는 국가로 크게 나눌 수 있다.

후자와 같은 수출 주도형 성장 전략을 채택한 대표적인 나라가 대만, 싱가포르 등과 한국이었는데, 이는 부존자원은 부족하나 인적 자원은 우수한 나라에 적합한 모델이었다. 이렇게 한국은 값

싼 노동력으로 값싼 제품을 상대적으로 좋은 품질로 생산하여 수출하고 벌어들인 외화를 국내에 재투자하는 방식으로 경제의 선순환 구조를 만들어 냈다.

이 시대에는 한미일 삼각무역이 특징이었는데, 일본이 제공하는 부품과 기술을 활용하여 한국의 공장에서 주문자 위탁생산 OEM을 하여 만들어진 상품은 일본의 상표를 부착한 채 일본 종합상사의 네트워크를 통해 미국 시장에 수출되는 방식이었다. 한국의 대일 적자와 대미 흑자로 특징지어지는 한미일 삼각무역이 이 시기 무역의 특징이었다. 당시엔 한국뿐 아니라 유럽과 일본 등 자유세계의 여러 공업국이 대미 무역 흑자를 통해 전후 경제를 복구하며 성장해 나갔다.

1970년대부터 브레턴우즈 체제는 허물어지기 시작했지만, 한국 제조업은 그때부터 일본의 하위 파트너를 벗어나려는 노력의 하나로 중화학공업에 진출하는 등 새로운 성장 동력을 찾아냈다. 당시 박정희 대통령은 주요 대기업을 경공업 위주에서 중화학공업 위주로 산업의 전환을 유도하였는데, 이는 대일 종속적 무역 구조, 미국 등으로부터의 원조에 의존하던 경제 구조를 극복함과 동시에 당시 발표된 닉슨 독트린으로 인한 주한미군 철수 등 국방 위기 상황에서 자주국방을 조기에 달성하기 위한 것이었다. 이러한 중화학공업으로의 대대적 산업 전환을 꾀하는 노력으로 1985

년 플라자 합의를 통해 일본의 기세가 꺾이는 사이에 3저호황이라는 호기를 맞아서 고도성장을 이루어 낼 수 있었다.

두 번째 도약, 세계화의 기적

두 번째 도약의 시기는 미국 중심의 일극 체제(팍스 아메리카나, PAX AMERICANA)가 확립된 1990년대 전면적인 세계화의 시대에 가능했다. 1970년대 후반 중국에서 2세대 지도자인 덩샤오핑이 집권하면서 "검은 고양이든 흰 고양이든 쥐만 잡으면 된다."라는 흑묘백묘론, 즉 실사구시 정책을 펴면서 중국을 개혁개방으로 이끌게 된다. 그리하여 1980년대 들어서 중국의 개혁개방이 본격화되었고, 1990년대에 진입하면서부터는 전 세계 시장이 글로벌 분업 구조를 형성하여 그 효율성이 극대화된다.

한국도 1992년 한중 수교를 통해 중국과 교역하기 시작했고, 마침 소련 등 공산 진영 몰락으로 구공산권 경제도 자유무역 구조에 편입되면서 무역의 영토가 크게 확장됐다. 중국은 정치적으로는 공산주의를 유지했지만, 국제 무역의 측면에선 폐쇄경제를 벗어던지고 전 세계 자유무역 시장에 편입됐다. 중국은 싼 노동력을 바탕으로 세계의 공장 역할을 하면서 한편으로는 10억이 넘는 중국 시장의 구매력으로 자유무역을 통한 국제 분업 구조를 확산시켜 전 세계가 풍요를 누리는 데 큰 역할을 했다.

낮은 생산원가로 물가는 낮아지고 판매 시장은 확대되면서 자본수익률이 극대화됐다. '중진국의 함정'에 빠질 거라 우려됐던 한국이 1990년대와 2000년대에도 어느 정도의 성장률을 유지하면서 두 번째 도약을 이루어 낼 수 있었던 것도 중국 경제와의 국제 분업에서 입은 수혜 덕분이었다. 말하자면 이 시기 대한민국 경제는 중국 경제의 급속한 성장에 따른 낙수효과로 자유와 풍요를 만끽하면서 성장할 수 있었다. 각각 양상은 다소 다르지만, 홍콩, 대만, 싱가포르 등에서도 비슷한 일이 일어났다.

우리나라 진보 진영의 크나큰 문제 중 하나는 이미 글로벌화한 경제의 문제를 살피지 못하고, 이를 국내 문제로 국한해서 이념적 잣대로만 본다는 것이다. 이처럼 세계화가 진행되면 한국의 기업들은 글로벌 기업으로 도약하고, 대기업 노동자들을 중심으로 소득이 크게 올라가게 된다. 그래서 귀족 노조 논란도 나온다. 정규직과 비정규직, 대기업과 중소기업 및 영세 자영업자, 그리고 자산 소득자와 임금 소득자 간의 양극화도 심해진다. 이 모든 것이 세계화와 관련이 있는데, 시기적으로는 2000년대의 노무현 정부와 이명박 정부 시기에 정점을 찍는다. 이를 두고 국내에서는 국내 정치 문제로 책임을 돌렸다.

그러나 이러한 양극화는 세계화 때문이기도 하지만 세계화 덕분에 전 계층의 부가 증대된 결과였다. 이는 소득이 전체적으로 가파르게 상승하는데 고소득층의 상승 기울기가 더 가팔랐기 때문에 생겨난 격차의 심화이지 저소득층이라고 해서 더 가난해진 것은 아니었기 때문이다. 고소득자의 소득이 더 가파르게 상승하면 지표상으로 경제 양극화가 심해진 것으로 보일 수는 있다. 그렇다고 해도 중·저소득자의 소득 역시 함께 상승했다면 지표상 경제 양극화가 심해졌다고 해서 국민의 삶이 절대적으로 더 나빠졌다고 말하기는 어렵다. 물론, 양극화는 당연히 개선해야 하는 것이다. 이러한 사실관계의 맥락은 2022년에 출간된 최병천 신성장경제연구소 소장의 《좋은 불평등》에서 그래프 등을 통해 고증된 바 있다.

그리고 이 시기에는 민주당 지지층인 화이트칼라와 도시 중산층도 자본주의적 욕구가 커졌는데, 민주당은 이러한 흐름을 놓치고 2010년대에도 과거 1970~80년대 운동권식 경제관(당시 박정희식 개발독재 시대에는 일부 대기업에 특혜를 몰아주고 선택과 집중의 방식으로 경제 개발을 추진하였기 때문에 반대기업 정서가 커졌다.)을 답습한 정책을 펼치다가 실패했다고 나는 생각한다.

진보 진영에서도 이제는 이런 사실을 충분히 이해하고 그 바탕 위에서 경제 정책을 추진해야 한다. 물론 양극화를 해소하기 위한 정책적 노력은 해야겠지만, 이러한 사실관계의 맥락을 이해하는 바탕 위에서 경제 정책을 입안하지 않으면 효과를 보기 어렵다. 문재인 정부 때는 소득주도성장을 주장하면서 ILO(국제노동기구)의 보고서를 언급한 바 있다. 그러나 그 보고서의 말미엔 이 학설은 글로벌 개방경제에선 통용되기 어렵다고 언급되어 있었는데, 그 사실은 무시됐다.

노동 시장 및 상품 서비스 시장이 전 세계에 개방되어 경쟁하는 상황에선 임금을 올리면 비용이 올라가고 가격이 올라가 경쟁력이 떨어진다. 그러다가 실직하면 소득이 줄어들고 성장도 멀어진다. 그러므로 임금이 올라간다고 해서 그것이 온전히 경제 부양의 효과가 온다고 할 수 없고, 국제 경쟁력 하락으로 어려움에 부닥칠 수 있다는 점이 그 보고서에서도 지적되어 있었다.

앞에서도 지적했지만, 경제 정책은 선한 의도나 이념, 철학만으로 추진되어서는 안 된다. 선한 의도가 악한 결과를 낳을 수도 있기 때문에 선한 의도대로 결과가 나오려면 어떤 경로로 가야 하는지를 시장 원리와 인간의 욕망을 생각하면서 숙고해야 한다. 함께 선한 의도를 공유하고 있다면 선한 결과를 가져오기 위해 전문가들이 머리를 맞대고 토론하고 고민해야 한다. 이런 문제의식에 대해 "왜 자꾸 결과를 회의적으로 보는가? 의도 자체가 악한 것 아닌가?" 하는 식의 과도한 정치적 태도로는 답이 없다.

우리나라와 같은 제조업 수출 강국에는 자유무역의 세계적인 확대야말로 구세주와 같은 기회였다. 다만, 중국 경제의 성장에 따른 낙수효과는 2010년대 중반, 2015년쯤부터 거의 사라지기 시작했다고 추정하기는 한다. 왜냐하면 과거 한국이 일본의 하위 파트너 역할을 벗어나 중화학공업 영역으로 진입하여 일본과 경쟁하려 한 것처럼, 한국보다 훨씬 경제 규모가 크고 막대한 자본을 확보한 중국이 한국과의 분업 구조를 벗어나서 중국 기업들로 수직 분업 구조를 갖춘 시점이 그때쯤이었기 때문이다.

2008년 금융위기 이후 도래한 세계 경제의 대전환기

더불어 2008년 금융위기 이후 미국의 노동자, 중산층의 경제 상황이 어려워지면서 반중 감정이 고조되고, 점차 미·중 패권 경쟁이 치열해지고 미국의 중국에 대한 디커플링 경향이 심화하면서 미국과 중국 사이에서 중간재 무역으로 이익을 보던 한국은 성장이 정체되기 시작했다.

그와 별개로 최근에는 반세계화^{Deglobalization}, 보호무역, 그리고 자국중심주의가 팽배해지면서 전체적으로 물가가 상승하고 글로벌 공급망, 글로벌 분업 구조가 원활하게 작동하지 않고 자원의 효율적 분배가 안 되면서 저소득층에게 더 힘든 상황이 오고 있다. 물론 이렇게 되면 고소득층도 힘들어지지만, 상대적으로 저소득층의 고통이 더욱 커진다. 특히 한국은 식량 자급이 어렵고, 에너지나 원자재도 거의 수입해서 써야 하는 나라이기 때문에 경제의 블록화가 진행되면 자원 부국보다 훨씬 고통스러운 상황에 부닥치게 된다.

결국 우리는 자유무역 및 자유시장경제의 약점, 즉 시장의 실패를 보완해야 하지만, 국가 권력과 정치가 이념으로 경제를 지배하려 들면 경제 교류는 얼어붙어 전체적 부가 줄어들고 그럴수록 경제적 약자가 더 힘들어진다는 사실을 알 수 있다. 이는 사회주의 경제 체제의 쇠퇴와 몰락에서도 입증된 사실이다. 이제는 경제를 보는 관점을 바꿔야 할 때다.

오히려 최근의 우려스러운 문제는 과거 자유무역을 주장했던 미국의 역행보다. 미국은 중국이 자유무역 구조에 편입되면 자연스레 정치적 민주주의 체제로 이행할 것이라 기대하고 2001년 중국의 WTO 가입을 적극 지원했으나, 그 기대는 성사되지 않았다. 중국 시장의 개방으로 중국 경제는 놀라운 성장을 구가하였지만, 정치적으로는 여전히 완고한 공산주의 체제로 남았으며, G2를 형성한 막대한 경제 규모를 바탕으로 차츰 국가 권력을 활용해서 첨단 기술 산업 영역까지 국산화를 이룩하려고 했다.

  2020년대 중국의 GDP는 미국의 3/4 수준에 달하게 되었으며, 2030년 이후부터 중국의 GDP가 미국을 넘어설 거라는 전망까지 나오게 되면서, 오히려 미국은 중국을 위협의 대상으로 여기게 됐다(이러한 상황에 대해 미국과 중국이 '투키디데스의 함정(Thucydides Trap, 신흥 강국의 부상을 기존 패권 국가가 견제하는 과정에서 전쟁이 발생하는 상황)에 빠지지 않을까 우려하는 전문가들도 있다). 그 사이 러시아 역시 에너지 강국으로 부상하면서 미국 중심의 일극 체제가 쇠퇴하고 다극 체제로의 이행이 점쳐지게 됐다.

  트럼프 정부 때부터 본격화된 미·중 패권 경쟁은 바이든 정부 시기 더욱 세련되고 치밀해지면서 단순한 무역 전쟁을 넘어선 첨단 기술 전쟁으로 변화했다. 미국은 처음에는 '디커플링(decoupling, 탈동조화)'을 추구했지만, 이미 규모가 너무 커지고 미국 경제와 많은 영역에서 밀접해진 중국 경제와의 교류 자체를 원천 봉쇄하면 자유로운 국제 분업 구조에 따른 경제적 후생이 줄어들면서 물가 상승과 경제 양극화가 심해져 궁극적으로 미국 경제에도 막대한 피해가 있을 수밖에 없다고 판단하게 됐다.

  그래도 미국은 여전히 전체주의 체제로서의 중국 경제 및 군사력 성장에 대한 경계심을 풀지 않고 있으며, 반도체·전기차·배터리·바이오 등 첨단 전략 산업 부문에서는 사실상의 '디커플링'

기조를 유지하면서 이를 '디리스킹(derisking, 위험 완화)' 및 다변화 diversifying라 칭하는 등 경제 안보를 강조하고 있다. 여전히 미국 경제는 물론이거니와 중국 경제와도 긴밀히 얽혀 있는 우리나라로서는 미국의 '디커플링' 혹은 '디리스킹' 기조에 어느 수준까지 맞추면서 우리의 국익을 지켜 나갈 수 있는지를 판단하고 우리의 입장을 관철시키는 것이 중요한 때다.

우리의 지정학적 운명, 이념과잉은 경제를 망친다

고물가·고금리·고환율에 미·중 갈등과 경제 블록화 추세로 가장 큰 타격을 받는 나라는 우리나라처럼 자원과 에너지는 부족하고 내수 자립이 안 되는 인구 규모에 수출 제조업, 특히 중간재 수출로 먹고 살아온 나라들이다. 비슷한 이유로 요새 독일 경제도 휘청거리고 있다.

코로나19 팬데믹 때 미국은 천문학적인 돈을 풀었다. 그렇게 돈을 풀었으니, 이제는 그 넘쳐나는 돈이 엄청난 물가 인상 요인이 됐다. 최근 미국 연방준비제도(미 연준, 미국 중앙은행)는 그 돈을 거둬들이기 위해 금리를 올리고 있다. 달러가 기축통화니 전 세계가 함께 금리를 올릴 수밖에 없다. 그런데 미국은 앞으로는 시중의 돈을 거둬들인다면서 금리를 올리고, 뒤로는 돈을 푼다. 자국 산업을 육성한다며 보조금, 지원금, 감세 등 각종 혜택을 주는 방식을 이용한다.

자국 산업을 보호하면서 자국인 고용을 촉진하니 임금이 올라 시중에 돈이 더 많아진다. 자국 산업을 위해 동맹국들의 글로벌 기업 생산 공장을 미국에 지으라고 압박하고, 그래야 보조금을 준다고 한다. 그러니 인건비가 한국보다 비싼 미국에 삼성·현대기아차·SK 등 한국의 재벌 기업이 몰려가서 공장을 짓는다. 국내에는 좋은 일자리가 줄어드는데 미국은 완전고용에 가까워지고 임금이 오른다. 보조금 지출로 확대된 재정을 뒷받침하기 위해선 국채를 발행한다.

미국의 동맹국들, 특히 자원도 에너지도 부족한데 경제 체질도 쇠퇴하고 있던 유럽의 여러 나라가 직격탄을 맞았다. 냉전기 때는 미국이 마셜 플랜 등을 통해 동맹국에 대한 원조와 외인 투자를 엄청나게 해 줬다. 하지만 지금은 미국이 자국 중심 보호무역, 리쇼어링과 디커플링을 통해 동맹국을 포함한 타국의 부를 빨아들이고 위험은 떠넘기는 중이다.

미국의 리더십 쇠락은 중국의 위협 때문만은 아니다. 중국이 부상한다고는 하지만, 아직 미국을 위협할 정도는 안 되며, 중국

내부의 문제도 많다. 미국의 리더십 쇠락은 동맹국들을 힘들게 하는 정책들, 세계 경제의 번영과 세계 평화에 도움이 안 되는 정책들 탓에 발생하고 있다. 미국의 자국 중심 정책들 때문에 다른 나라들이 각자도생하면서 원심력이 커진 탓이다. 가장 큰 문제는 이 와중에 중심을 못 잡고 여기저기서 얻어터지면서 손해를 보는 대한민국이다.

가진 자원이 아무것도 없는 우리는 수출로 먹고살아 왔다. 이념보다 실리를 추구하던 세계화 시대, 최대 수혜국은 한국이었다. 좋았던 세계화 시대가 퇴조하고 경제 블록화가 진행되는 시대에 선진국 한국은 과거처럼 동맹국에만 의존해선 어렵다. 경제 블록화 시대에 식량, 원자재, 에너지를 무사히 수급하려면 왕국이나 독재국가와 거래해야 할 수도 있기 때문이다. 이념 과잉은 경제를 망친다. 그것은 우리의 지정학적 운명이다.

세계사를 보면 대륙과 해양을 오가는 길목에 있는 반도 국가는 상인 기질을 발휘할 땐 융성하고, 이념 과잉이 되어 한쪽의 행동대장을 자처하면 도움이 될 때도 있지만, 대리전의 전장이 되기도 했다. 한국은 반도국으로서 상인 기질을 가져야 할 수밖에 없다. 싫든 좋든 우리한테 필요한 나라엔 전략적 외교를 구사해야 한다. 물론 최근 중국의 과도한 애국주의, 전체주의적 분위기는 우리를 불안하게 한다. 그러나 그렇더라도 한국이 중국 경제와의 결합을 단숨에 끊을 수는 없다. 중국 의존성을 되도록 줄이기 위해 노력하면서도, 중국과의 관계가 나빠지지 않게 관리하는 외줄타기의 지혜를 발휘해야만 한다.

Ⅴ
거대한 전환 Grand Transition 의 길을 찾아서

신 경제 성장 모델의 구상

우리나라는 세계화로 인한 풍요, 자유무역의 경제적 후생을 만끽해 왔다. 세계화가 우리나라에 재앙이었다는 일부 진보층의 주장은 사실이 아니다. 결과적으로 보듯 우리는 세계화의 수혜국이었다. 오히려 지금 우리가 직면한 문제는 세계화가 점차 쇠퇴하고 경제 블록화, 보호무역주의, 자국중심주의가 강화되는 추세에서 그동안 우리의 성공적 성장 모델인 수출 주도형 성장 전략에 빨간불이 켜졌다는 것이다.

이 틈바구니에서 우리 나름대로 수출 주도형 성장이 최대한 지속될 수 있도록 통상외교를 잘해야 하겠지만, 이미 그동안 우리를 먹여 살려 왔던 수출 주도형 성장 모델은 2008년 이후 세계화의 쇠퇴로 내리막길을 걷고 있다. 미·중 간 패권 전쟁에 끼어 대중 적자 규모가 늘어나고, 양국 모두와의 무역 규모가 점차 줄어들고 있다.

IMF는 2023년 전 세계 경제성장률을 3%로 예측했는데 우리나라는 1.4%로 예측했다. 지금까지 한국경제는 IMF, 금융위기, 팬데믹 등 특별한 위기 시를 제외하고는 꾸준히 3% 내외의 성장률을 유지했다. 위기 시 외에는 1%대 성장은 처음이다. 문제는 저성장의 원인이 일시적인 경제 위기 때문이 아니라 세계 경제 질서의 전환, 즉 구조적 원인 때문이라는 거다. 따라서 그 경제의 구조적 전환에 대응한 산업 구조의 전환을 해내지 못하면 저성장 국면은 지속될 수밖에 없다.

사실 세계화 쇠퇴의 조짐이 나타나기 시작한 2000년대 후반부터 경제 성장 전략과 산업 전략의 대대적 전환을 시작했어야 했다. 그런데 우리나라는 IMF 이후 나타난 양극화 현상을 국내 정치적 요인으로만 판단해 반대기업 정서를 키우기만 했다. 물론 IMF 이후 양극화 현상의 이면에는 IMF의 요구를 악용해 노동자들의 노동 조건을 악화한 사례도 있었다. 그래도 정책을 책임지는 집권 세력이나 정치권에서는 금융위기 이후 국제 질서의 전환 양상이 어떻게 진행되는지를 내다보고 국가 경쟁력을 유지할 수 있도록 산업 전환 등 더 거시적이고 생산적인 면에 집중했어야 했다.

심지어 경제 성장의 모멘텀을 찾아 주길 바라고 국민은 이명박 대통령을 뽑았지만, 4대강 사업 등 구시대적인 토목·건설 분야에 의존하였고, 녹색성장 등 구호는 있었지만, 본격적인 산업 전환의 드라이브를 걸지 못했다. 그러니 70년대 중화학공업 중심으로 우리 산업을 전환함으로써 우리가 80년대 이후 본격적인 세계화 시대에 엄청난 경제 성장을 구가했듯이, 늦었지만 이제라도 앞으로 5~10년 후 우리의 미래를 견인해 나갈 새로운 산업으로의 거대한 전환기를 마련해야 한다. 대한민국의 신 경제 성장 전략, 산업의 거대한 전환을 구상해야 한다.

바야흐로 스마트 팜, 스마트 공장의 시대고, 로봇과 AI의 시대가 본격화되고 있다. 거대한 산업 전환 시대에 맞게 노동 시장도 전환되어야 한다. 빠르게 전환되는 산업에 노동자들이 적응하도록 지원하고, 노동 시장에서의 경쟁력을 유지하도록 해야 한다. 이를 위해서는 노동자 재교육, 직업 전환 교육 등을 활성화하여야 하고, 폴리텍대학, 미네르바스쿨 등 평생교육기관에 교육의 질을 높일 수 있도록 과감하게 투자하고, 노동조합, 지역사회, 기업과 대학이 연계해 실질적으로 현장에서 도움이 되는 교육을 하도록 해야 한다.

요즘같이 급변하는 세상일수록 젊은 노동자들은 자신들이 변화에 적응할 수 있는 경쟁력을 유지하는 것을 중시한다. 그러니 노동조합도 소속 노동자들이 시장에서 살아남을 수 있도록 회사에 재교육에 투자하라고 요구해야 한다.

한국의 양극화, 세계화보다는 IMF 사태가 문제였다

아버지는 해운·조선 분야에 종사하셨다. 어릴 때 아버지께서 싱가포르 상사 주재원으로 파견 가시는 덕분에 나는 싱가포르에서 초등학교를 3년 정도 다니면서 다양한 문물을 접할 수 있었다. 그 시기의 다양한 경험은 내 세계관 형성에 많은 영향을 미친 것 같다. 이후에도 아버지는 관련 분야에서 사업을 하셨는데, 전 세계를 다니셨다. 나중에 사법시험에 합격하고도 로펌에서 외국인 투자나 해외 투자 분야에서 일하고, 이후 글로벌 기업에서 일하게 된 데는 아버지의 영향이 컸던 것 같다.

그러던 아버지의 사업이 1997년 IMF 때 부도가 났다. 당시 많은 회사가 그랬듯 거래처들이 연쇄 부도가 나면서 아버지 회사도 같이 쓰러졌다. 나는 당시 대학을 졸업하고 사법시험을 준비하고 있었다. 1차에 합격하고 2차를 준비하던 중이었다. 청천벽력 같았다. 공부하는 내게 걱정을 끼치지 않으려고 자세한 얘길 하시지 않았기 때문에 나는 상황을 정확히 모르고 있었다. 당장 취직해야 했지만, 몇 달 안 남은 2차라 친척들과 친구들 도움을 받아 2차까지는 보기로 했다.

시험을 보자마자 일거리를 구했다. 아침에는 학습지 아르바이트, 점심 이후에는 어린아이들 영어 아르바이트, 오후 늦게부터는 중고생 학원 강사, 밤에는 호프집 등 아르바이트를 하면서 닥치는 대로 돈을 벌었다. 꽤 풍족하게 살던 우리 가족이라 부도 이후의 가난한 삶이 더욱더 고통스러웠다. 나야 그럭저럭 혼자 꾸려 갔지만, 동생들은 당장 대학 등록금을 구하지 못해 힘들었다. 대출을 받았지만, 쌓이는 이자를 감당하기가 어려웠다.

결국 어머니는 보험 일을 하시고, 밤에는 온갖 잡다한 부업을 받아 오셨다. 야반도주해서 이사 간 집에는 비가 조금씩 샜는데, 동생들이랑 누워서 비가 새서 벽지에 곰팡이가 슬어 있는 걸 보면서 울었던 기억이 난다. 언제 다시 번듯한 집으로 이사 가고, 언제 다시 행복해질 수 있을까. 어린 마음에 아버지 사업이 망했다고 해서 왜 우리가 고생하느냐며 아버질 원망하곤 했다.

그나마 우릴 지탱해 준 것은 어머니의 존재였다. 우리가 열심히 일하고 성공해서 고생하는 어머닐 호강시켜 드리자는 생각으로 모두가 열심히 공부하고 일했다. 이후 어느 날 어머니께서 쓰러지셨다. 스트레스와 과로로 간이 나빠졌다고 했다. 나중에 안 일이지만, 어머닌 치료비가 아까워 간 상태가 안 좋았는데도 병원에 가지 않으셨다. 나한테 생활비 받아 쓰는 것도 미안한데 병원비까지 신세 질 수 없다고 생각하셨나 보다. 어머니는 간암으로 돌아가셨다. 남동생이 자기 간까지 이식해 주면서 살리려 했지만, 결국 얼마 살지 못하셨다.

친정어머니의 죽음은 우리 가족 모두에게 엄청난 상처를 남겼다. 아직도 우리는 어머니 얘기만 나오면 눈물을 글썽인다. IMF 사태가 뭐기에 집안이 이리 풍비박산이 나나. 아버지 회사가 부도나면 왜 가족이 전부 길거리에 나앉아야 하나? 사업하다가 망할 수도 있는데 그때마다 모든 게 풍비박산이 나면 사업을 어떻게 하나? 왜 한번 망하면 다시 일어나기 힘든가? 국가가 제대로 관리를 못 한 것인데, 왜 멀쩡한 회사들이 연쇄 부도를 맞고 많은 노동자와 그 가족들까지 길거리로 내몰리는가?

IMF 이후 한국 사회는 많이 달라졌다. 분명 글로벌 스탠더드에 맞게 기업을 운영해야 했고, 그나마 빠르게 극복했다. 하지만 이후 우리 사회는 직장, 가족을 비롯한 많은 공동체가 해체되면서 많은 국민이 차가운 현실에서 홀로서기를 해야 했다. 이렇게 X세대는 자유화, 세계화라는 풍요의 시대를 살았지만, 모든 공동체가 해체되는 아픔을 지켜봐야 했다. 그래서 자유주의자들이지만 사회 안전망을 희구하는 성향을 지니게 되었나 보다.

양극화 완화 없이는 경제 역동성도 없다

앞에서 말했듯 한국은 세계화의 수혜국이었다. 하지만 또 하나 분명한 것은 IMF 이후 세계화적 흐름, 즉 신자유주의적 풍조 속에 노동 시장의 이중 구조, 즉 비정규직 차별이 더 악화하였고, 실직자들이 영세 자영업 부문으로 흘러 들어가 자영업 공급 과잉과 영세화의 문제가 심각해졌다고 말할 수 있다. 그러니 한국에서는 비정규직 차별과 영세 자영업 공급 과잉 문제가 양극화 문제의 본질이다.

이런 식의 불균형한 성장과 부작용이 곳곳에서 드러나는 건 역설적으로 우리가 그만큼 급격히 성장했기 때문이다. 불안정한 성장은 IMF사태를 초래했고, IMF사태 이후 우리는 위기를 극복하는 데 전념하다 보니 사회적 불안정성은 더 커지고 말았다. 어찌 보면, 세상에 공짜가 없다. 고속성장을 한 것 같지만 우리는 그 대가를 치르고 있다. 다시 말해, 비정규직 문제, 자영업과잉 문제,

경제양극화 문제 이 모든 게 결국은 고속성장의 그늘인 것이다.

문제는 우리가 그 문제를 조금씩 해결해 온 게 아니라, 구호와 대결만 난무한 채 아무런 실질적 개선을 만들어 내지 못한 채 속으로 곪아 왔다는 것이다. 더 큰 문제는 그로 인한 사회적 갈등이 조금씩이라도 해소되지 않는다면 더 이상 경제의 역동성을 기대하기 어려워질 거라는 점이다. 아무리 열심히 살아도 기회가 생기지 않는 나라, 희망이 없는 나라에서는 더 이상 역동적 경제활동을 할 이유가 없다. 그러니 비정규직 차별과 영세자영업 과잉 문제는 우리경제가 다시 한번 도약하기 위해, 역동성을 회복하기 위해 반드시 극복해야 하는 문제인 것이다.

'비정규직 없는 세상' 외치기보다 '비정규직도 살 만한 세상' 실현해야

IMF를 거치는 동안 많은 대기업이 기업 구조 조정이라는 명분으로 지주회사 체제로 전환하면서 노동자와 생산 시설을 아웃소싱하는 형태로 고정비용을 줄여 갔다. 당시에는 그렇게 고정비용을 줄이고 구조 조정을 잘해서 워크아웃 상태의 기업을 살린 CEO들의 무용담이 회자하며 그들이 영웅시되던 시대였다.

앞서 말한 화물연대 건도 IMF로 인한 화물 시장의 고용 구조 변화로 하청업체 노동자와 원청 노동자 간의 차별, 모든 위험이나 부담을 개별 노동자에게 떠넘기는 형태의 특수고용직과 같은 비정규직 문제가 점차 심각해진 결과이다. 대우조선해양과 같은 원청 노동자-하청 노동자 간 부당한 차별, 택배 노동자, 캐디, 건설기계 사업자, 대리운전 기사 등등 특수고용직 노동자 혹은 1인 사업지, 방송이나 문화예술 등 창작 분야에 종사하는 프리랜서들이 그 예이다.

그런데 그동안 대한민국의 노동 운동이나 진보 정당은 '비정규직 정규직화', '비정규직 없는 세상'이라는 구호를 내세웠다. 그리만 될 수 있으면 얼마나 좋을까마는 전 세계와 경쟁하고 있는 대한민국에서 모두가 정규직, 즉 평생 고용하는 영구직permanent worker을 유지할 수 있을까? 어떤 변화도 가져오지 못한 채 구호만 난무한 정치는 국민들을 희망고문하는 것이다. 그것처럼 무책임한 게 없다. 현실적 대안을 고민하고 실현하는 게 중요하지 않을까?

결국 문재인 정권 때 비정규직 해법은 구호만 요란한 채 아무런 결과물을 내지 못한 채 끝나고 말았다. 글로벌 경쟁과 시장 상황을 이해하지 못한 채 국내 정치에만 매몰되었기 때문이라고 생각한다. 그러면 어떻게 해야 하는가? 이상이 아니라 현실 속에서 해법을 찾아야 한다. 즉, 비정규직의 부당한 차별을 해소하고, 그들 삶의 안정성을 높여 주는 방향으로 가야 한다. '비정규직 없는 세상'을 외치기보다 '비정규직도 살 만한 세상'을 실현해야 한다. 현실을 직시하고 해법을 찾아서 좀 더 나은 결과를 만들어 낼 줄 아는 정치인이 능력 있는 정치인 아닌가?

예를 들어 대우조선의 사례를 보자. 일시적 노동 수요가 발생하여 비정규직을 뽑아서 써야 하는 상황에서는 하청 방식으로든, 계약직 방식으로든 회사가 다양한 방식으로 고용하는 걸 원천적으로 막을 수는 없다. 그러나 동일 노동 동일 임금 원칙에 비추어 같은 노동을 하면서도 하청업체 소속이라고 더 싼 임금을 주거나 임금 교섭에 불이익을 보는 것은 부당하다. 오히려 언제든 잘릴 수 있기에 하청업체 소속 노동자는 더 높은 임금을 주어야 공정하다.

과거 프랑스 르노자동차의 자회사에서 일할 때 본사에 출장을 자주 갔다. 그때 하청 문제를 두고 프랑스 측 임직원들과 토론한 적이 있다. 그분들이 설명하길 프랑스 등 유럽에서는 같은 수준의 일을 한다면 비정규직에 더 높은 임금을 준다고 했고, 그런 원칙이 관례화되어 있다고 했다. 그분들은 직업 안정성이 떨어지니까 임금을 좀 더 주어야 공정하다고 했다. 수긍이 되었다.

그런데 한국은 국민의힘에서는 사측 편을 들어 하청 방식으로 하면서 임금이 턱없이 낮은데도 계약을 그리하였으니 문제가 없다고 하고, 더불어민주당에서는 비정규직 정규직화를 주장한다. 이런 상태에서는 접점이 없으니 절대 합의가 될 수 없다. 현실적 주장도 아니다.

인국공 사태에서 보았듯이 공채를 통해 입사한 대우조선 공채 노동자가 있는데, 하청을 통해 들어온 노동자가 비정규직이라 해서 '비정규직 정규직화' 구호를 외치다가 갑자기 정규직으로 전환되는 것도 공정하지는 않다. 다만, 그가 동일한 노동을 하고 동일한 관리·감독을 받는데도, 그에게 주어지는 임금이나 기타 근로 조건이 현저히 차이가 나는 건 문제다. 오히려 고용 기간의 불안정성은 사측의 편의를 위해 노동자가 직업 안정성을 포기한 것이므로, 그에 대한 대가, 즉 직업 안정 수당을 추가로 지급하는 게 합리적이다. 그러면 기업들도 일시적 수요가 아닌 이상 꼭 비정규직 고용을 선호할 이유가 없다.

이와 같은 노동 시장의 이중 구조 문제만 보더라도 좌우나 진영의 문제가 아니다. 무엇이 공정한 방식, 정의로운 방식인지 고민해 보면 해답은 나온다. 자신이 보수 정당에 속한다고 무조건 사측 편을 들어 동일 노동에서 적은 임금을 정당하다고 우기거나, 이와 반대로 진보 정당에 속한다고 무조건 노동자 편을 들어 인국공 사태처럼 밑도 끝도 없이 무조건 비정규직을 정규직화하겠다고 우기는 것은 합리적이지 못하다.

　결국 우리가 조금만 생각해 보면, 우리가 직면한 많은 문제는 실은 이념이나 진영의 문제가 아니다. 그 주장을 누가 했고, 그게 누구의 이해관계에 부합하는지부터 보지 말라. 무엇이 정의로운 길인지, 무엇이 합리적인 길인지를 찾아내고, 이해관계자들의 각자 주장 중 합리적인 부분을 추출해서 조율한 결과를 만들어 내야 한다. 물론 그러한 결과를 만들어 내고 관철하기 위해서는 무엇이 합리적인지를 이해할 수 있는 '능력'과 기존의 관성과 맞설 '용기'가 필요하다.

대전환을 놓친 사회가 맞닥뜨릴 추락의 조짐이 시작되다

'1호 영업사원'이 하는 일이 무엇인가?

이런 시대에 우리의 '1호 영업사원'이라는 윤석열 대통령이 하는 일이 무엇인지 심히 우려스럽다. 얻는 것 없이 중국과 러시아에 대해서 강경 노선을 과시하고, 우리와 사이가 나쁘지도 않았던 중동의 강대국 이란을 '주적'으로 선언했다. 물건을 파는 '1호 영업사원'이라면서 주로 하는 일은 자국 기업인들을 데리고 해외 순방을 다니면서 해외에 몇조씩 투자하게 했다고 자랑하는 것뿐이다. 남들은 '리쇼어링Reshoring'이니 보조금이니 하는 자국 중심 산업 정책을 펴면서 어떻게든 국내에 투자하고 일자리를 만들려고 하는데, 우리는 해외에 투자해서 해외 일자리나 만들어 주는 계획을 발표하면서 무언가를 성취해 낸 것처럼 말한다.

한국 기업들은 미국의 '반도체 칩 및 과학법Chips and Science Act'과 '인플레이션 방지법IRA'과 같은 보조금법 때문에 사실상 인건비 등의 비용도 국내보다 훨씬 높고 반도체 수율도 국내보다 떨어지는데도 어쩔 수 없이 울며 겨자 먹기로 미국에 투자하는 상황이다. 이런 일이 발생하지 않게끔 미국 정부와 협상하고 설득해야 하는 것이 한국 정부의 임무다. 오히려 무슨 자랑인 것처럼 해외 투자를 성과로 늘어놓다니 기가 찰 일이다.

구조적 경기 침체가 닥치고 있다. 나도 초선 국회의원 때부터 강조했지만, 우리나라의 산업 구조는 1980년대 시스템에 고착화되어 있다. 2008년 금융위기 이후 세계 경제의 구조는 전환되기 시작했다. 그러니 그즈음부터 대대적인 산업 전환과 혁신을 위해 노력했어야 했는데도 우리는 이를 소홀히 했다. 경제 혁신을 내세워 집권한 이명박 정부 때도 '녹색성장'이란 말만 내세웠을 뿐, 때 아닌 건설 붐으로 그 중요한 시기를 허송세월했고, 박근혜 정부 때는 창조경제를 내세웠지만, 그것이 대체 무엇인지 대통령 자신도 이해하지 못했다.

정치가 경제 흐름과 시대 흐름을 따라가지 못하고 진영병에 걸려 있는 사이 외교나 대북 관계도 일관된 국가 전략 없이 널뛰기를 반복했다. 급기야 시대착오적인 검찰 정권이 들어서면서 자유롭고 창의적인 분위기로 경제 혁신이 촉발되어야 할 시점에 때아닌 권위주의 통치와 진영병의 심화, 정치 무력증으로 사회 상부 구조의 의사결정 기능이 마비되다시피 했다.

이제 대전환을 놓친 사회가 맞닥뜨릴 추락이 눈앞에서 전개되기 시작한 듯하다. 어느 사회나 흥망성쇠는 있기 마련이다. 이러한 징조는 하강기로 이미 들어섰고 그 흐름을 되돌리기 어렵다는 생각이 더 커지게 한다. 비관적 통찰이라 안타깝지만, 그래도 우린 그 하강의 기울기를 낮추기 위해 최선을 다해야 한다고 생각한다. 한강의 기적, 세계화의 기적을 만들어 낸 세대가 이제는 스스로 혁신을 위해 내려놓고 시대를 관조해야 한다.

미래는 에너지 전쟁의 시대가 될 것이라고들 한다. 어떻게 가성비 높은 에너지를 얻을지, 어떻게 에너지의 이동과 저장을 쉽고 싸게 할지의 경쟁이다. 테슬라의 일론 머스크 회장의 관심사도 그 방향으로 귀결된다. 그래서 나는 일본 후쿠시마 핵 오염수 방류는 반대하지만, 원자력 발전 자체를 반대하지는 않는다. 다만, 더 안전하고 더 효율적인 발전을 위해 최선을 다하자는 것이다. 대안으로 수소 발전이 대두되었지만, 결국 수소를 얻는 과정에 다시 전기가 드는 등 경제성에서 뚜렷한 비전을 보이지 못했다. 그런데 최근 자연수소, 즉 백색수소가 주목받고 있다. 우리나라에서도 백색수소의 발굴이 가능할까?

이런 중차대한 문제에 보수 정부는 별 관심을 기울이지 않고 있다. 전환기적 위기를 진보뿐 아니라 보수도 도외시하는 세상에 살게 됐다. 정치 혁신이 시급하게 필요한 이유가 아닐 수 없다.

계층 상승의 사다리를 복원하지 못하면 대한민국의 역동성은 꺼질 것

자본주의는 경쟁 사회이다. 누군가는 승자가 되고 누군가는 패자가 된다. 그런 경쟁이 싫어서 모두가 평등하게 잘사는 사회를 꿈꾸고 사회주의 국가를 건설했지만, 그 역시 평등한 사회를 실현하기 위해 권력이 경제를 통제하게 되고, 결국은 부를 통제하는 권력과 주변이 부를 독식하고, 나머지 모두는 평등하게 못사는 사회가 되었다. 그리고 대부분은 권력과 거리가 멀었기 때문에 계층 상승의 기회를 기대하지 않았다. 그래서 그 사회는 역동성이 떨어졌고 결국 몰락하게 되었다.

결국 인간 사회도 동물의 세계와 본질적으로 다르지 않아서 약육강식의 원리가 전혀 적용되지 않을 수는 없다. 다만, 인간이

동물과 다른 점은 승자는 관용으로 패자를 돕고, 사회 전체를 위해서도 투자하고, 사회는 패자에게도 어느 정도 삶의 질을 보장하고, 언젠가 부활할 수 있도록 기회를 준다는 점이다.

그런데 만일 한번 패배하고 나서 다시는 기회가 없으면 어떻게 되겠나? 심지어 아직 경쟁해 보지도 않았는데, 윗세대에서의 승패가 너무나 커서 오르지도 못하는 상황이라면? 결국 현실에서 빈부의 격차는 없을 수가 없지만, 그 격차가 너무 커서 사람들이 더는 노력하지 않는다면, 그 사회는 역동성을 상실하게 되고 경제는 더 성장하지 않게 된다. 이는 앞서 말했던 관료화된 사회주의 국가들이 몰락한 원리와 똑같다.

저출산의 문제도 본질적으로 계층 이동의 사다리가 없는 사회에서 내 아이에게 나와 같은 비천한 혹은 고통스러운 삶을 물려주지 않겠다는 마음이 깔려 있는 것이므로, 결국 사회 재생산의 보이콧도 계층 이동의 사다리가 없는 문제와 연계되어 있다. 요컨대 한국 경제가 성장하고 사회가 지속 가능하게 되려면 계층 이동의 사다리를 복원해야 한다.

앞에서 살펴봤지만, 대한민국의 성장이 정체된 이유는 경제 성장이 지속되면서 선진국이 되고 그 성장의 결과물, 즉 부가 대물림이 되면서 기득권 질서가 공고해졌기 때문이다. 이제는 물려받은 부와 환경, 인맥 없이 아무리 혈혈단신 노력한다 해도 타고

난 부나 조건을 뛰어넘는 게 어려워졌다. 자기 능력만으로는 계층 이동, 부자가 되는 길이 막혀 있기 때문이다. 즉, 부나 명예가 사실상 대물림되는 사회, 개천에서 용이 나는 것이 사실상 불가능한 사회가 되었기 때문에 야심 있는 젊은이들이 새로운 기회를 위해 과감하게 도전하기 어려워진 게 현실이다.

모두가 로스쿨과 의대를 지망하고, 부동산 가격이 치솟아 평생 월급을 모아도 서울에서 집 한 채 사기 어려운 사회, 젊은이들이 출산을 거부하는 사회가 되었다. 더는 기회가 열려 있지 않은 사회, 경제의 역동성이 떨어진 이유다. 바꿔 말하면, 다시 한국 경제가 역동적으로 발전하려면 이러한 사회 구조가 바뀌어야 한다. 기득권 질서에 틈이 생겨야 한다. 이는 정치의 변화하고도 연결되어 있다.

계층 사다리에서 가장 중요한 것은 교육이다. 능력만 있으면 다른 걱정 없이 양질의 교육을 제대로 받을 수 있는 시스템이 구축되어야 한다. 어렸을 때부터 비싼 사교육을 받은 아이들과 그렇지 못한 아이들이 시간이 지날수록 차이가 나고, 그 차이를 극복할 수 없는 것은 당연하다. 따라서 우선은 공교육의 질을 높여야 하고, 형편이 안 되더라도 능력이 되면 사교육을 받게 하던 공교육에서 따로 수준 높은 교육을 받도록 하던 학업의 격차를 줄여야 한다.

과거 집안이 어려운 학생들이 육사나 경찰대학, 사법연수원, 세무대학, 카이스트나 포항공대 등 국공립 교육기관을 통해 무상으로 공부를 계속하고 생활비까지 보조받은 사례들이 있지 않았나? 한마디로 잠재력이 있지만 부모의 여건이 안 되는 아이들을 위해 그들이 잠재력을 발휘할 기회를 부여해야 한다. 교육의 공공성에는 국민이 시민으로서 최소한의 교육을 받을 수 있도록 평준화 교육을 한다는 의미도 있지만, 이처럼 계층 이동의 사다리를 교육을 통해서 부여하는 역할도 포함된다. 대한민국이 다시 도약하려면 그 사다리를 제대로 복원해야 한다.

여기서 다시 한국 진보 세력의 정책이 현실에서 실패하는 이유, 즉 '선한 의도가 악한 결과를 가져오는' 상황을 목도한다. 교육을 평준화하면 모든 아이가 평준화 교육만 받으므로 평등해진다고 생각했을 것이다. 그런데 평준화 시대라고 해도 아이들이 평준화 교육만 받지 않는다. 경제력이나 정보력 여부에 따라서도 차이가 난다.

대학도 평준화한 프랑스는 학력에 따른 차별이 없을 것 같지만, 그렇지 않다. 오히려 프랑스는 학력이 일종의 신분질서화되어 있다. 대학을 평준화하니 대학원 과정의 경쟁이 치열해지면서 그 학력에 따라 신분이 고착화된 것이다. 정치인이나 고위 관료, 기업 임원, 사회 각 분야의 리더는 대부분 그랑제콜(Grandes écoles,

프랑스의 국가 엘리트층 양성을 위한 소수 정예 고등교육기관을 일컫는 말로, 일반 대학과는 구분되는 교육 체계이다.) 출신이다. 이는 마치 주택 가격이 오르는 국면에서 집값 잡겠다고 수요 억제책으로 모든 사람에게 주택담보대출을 규제하고 과도한 세금을 부과하니, 현금이 많은 자산가들만 집을 사고팔 수 있어서 그들만 더 많은 돈을 벌고, 서민은 벼락거지가 되었다는 사례와 같다.

결국 시장이란 것은 억지로 형성되지 않으며, 수요를 억제한다고 수요가 없어지지는 않는다. 시장의 원리를 예측해서 원하는 결과를 얻으려면 어떤 정책을 시행해야 하는지를 역으로 경로를 따져 봐야 한다. 사회 변화의 흐름 속에서 수요가 높아질 수밖에 없다면 국가는 수요를 억제하려고만 하지 말고, 국민이 원하는 서비스가 적절히 공급되도록 해서 그 수요에 부응하는 게 답이다.

PART 05

반도국가 대한민국의 지정학적 운명
– '전략 외교'만이 살길이다

우리는 미국 중심의 패권 질서와 함께하되, 중국이 당장 망한다는
성급한 판단을 하거나 지나친 적대 관계를 설정하여
나라를 위기에 빠뜨리는 어리석은 행동을 지양해야 한다.
10년, 혹은 수십 년 후 국제 질서가 어떻게 될지는 아무도 모른다.
중요한 건 친구는 더 친해지고, 적은 적대감을 줄이고 새로 만들지 말며,
이 전환기에 우리 대한민국의 위상이 더 커질 기회를
포착해야 한다는 것이다.

10년 전에 나는 사우디아라비아의 국영 석유기업 '사우디아람코'의 자회사인 S-OIL(에쓰오일)의 임원으로 일했다. 그 당시에 이미 사우디아라비아는 화석 연료를 대체할 에너지에 대해 많은 관심을 두고 연구 개발에 투자하고 있었다. 업무 때문에 중동을 오가면서 나는 우리가 얼마나 서구 중심의 사고에 젖어 있었는지 깨닫게 됐다. 물론 중동 문화는 여전히 내게 논리적으로 이해가 안 가는 면도 많고 낯설다.

하지만 우리 역시 다른 나라 사람들이 한중일을 잘 구별하지 못하거나, 한중 관계나 한일 관계에 대해 잘못된 편견을 가진 것을 볼 때 속상해하곤 한다. 중동 사람들이 우리를 볼 때도 비슷한 속상함을 느낄 것이다.

국제 정세에 잘 대처하려면 여러 나라의 현지 사정과 문화를 잘 알아야 한다. 특히 중동 지역은 전통적인 에너지 확보의 문제는 물론, 미래의 신사업 기회를 얻기 위해서도 매우 중요한 지역이다. 그동안 미국 등 서구는 제국주의적 패권 질서에 바탕을 둔 외교 정책을 중동에서 펼쳐왔지만, 앞으로는 점점 더 그렇게 하기 어려워질 것이다. 특히 최근 브릭스에 동반 가입한 중동의 신흥 강자 사우디아라비아와 전통적 맹주 격인 이란의 경쟁도 흥미롭게 지켜봐야 하는 부분이다.

제국주의와 거리가 먼 역사를 지닌 한국이 중동 현지의 문화와 정서를 잘 이해한다면 우리에게 많은 기회가 열릴 것이다. 반면, 현지에 대한 설익은 지식으로 윤석열 대통령처럼 'UAE의 주적은 이란' 운운하는 외교적 실언이 반복된다면 기회의 창이 닫힐 것이다.

지속 가능한 독자적인 국가 전략이 필요하다

국제 정세에 관한 이해와 합의된 국가 전략의 중요성

우리는 그동안 '우물 안 개구리'처럼 보통 국내 이슈에만 관심을 가져왔다. 그러나 우리나라를 둘러싼 역사적 사건들 즉, 청일전쟁과 러일전쟁에 이은 일제 강점기, 분단과 6·25 전쟁, 한강의 기적과 세계화의 기적, 경제 양극화나 여러 사회 문제, 민주화 운동의 성공 등 한반도에서 일어난 모든 일은 전 세계적 흐름과 절대 무관하지 않다.

특히 우리는 대륙과 해양의 길목에 있는 반도 국가고, 지정학적으로 너무나 중요한 위치에 있으므로 우리의 운명은 전 세계 힘의 흐름에 밀접하게 관련되어 있다. 따라서 자칫 국내 사정에 매몰되어 세계사적 흐름을 간과하면 우리는 자신의 운명조차 통제할 수 없이 힘에 끌려다니거나 경제나 정치나 크고 작은 바람에 휩쓸리게 된다.

그러니 이제는 우리도 지구촌 구석구석의 사정을 잘 알아야 하고, 어떤 사건이 일어났을 때 그 배경도 잘 이해하고 있어야 한다. 우리나라의 운명을 스스로 지키는 걸 넘어서 지구촌 너머에서 일어나는 일들에 대해서도 우리가 역할을 할 수 있어야 한다. 국제 사회의 흐름에 끌려다니는 게 아니라 흐름에 영향을 미치는 주요 플레이어가 되어야 한다. 그래야 우리 국민의 삶이 더 풍부해진다. 우리 아이들도 더는 이 좁은 한반도에서만 꿈을 펼치게 해서는 안 될 것이다.

또한 통일·외교·안보 분야에선 반드시 '합의된' 국가 전략이 있어야 한다. 하지만 우리 정치에서는 어느 때부터인가 그러한 국가적 아젠다마저 정권이 바뀔 때마다 극단적 널뛰기를 하기 시작했다. 친북에서 반북, 반미에서 숭미, 반일에서 숭일로 극단적인 진자 운동을 한다. 이래서야 한국의 외교에 힘이 실릴 리가 없다. "한국의 국제 전략은 무엇이고, 대북 전략은 무엇인가?"라고 물으면, 기껏 세계 평화나 통일 같은 추상적 수준이거나, 한미 동맹 강화, 인도 태평양 전략, 유라시아 철도 등등 다른 나라의 전략이거나 미시적 얘길 한다. 이런 수준의 얘기는 국가의 전략이 될 수 없다. 사실 우리나라의 국가 전략이 무엇이란 얘기는 들어보지 못했다.

미국의 외교 전략이 큰 틀과 각 국가에 대해서 있듯, 우리도 그런 게 있어야 한다. 다른 나라 걸 베끼는 게 아니라 독자적이어야 하고, 정치권에서 큰 틀의 합의가 되어 정권이 바뀌더라도 그 중심 내용은 이어져야 한다. 경제 규모로 세계 10위권의 선진국이지만, 강대국들이 선진국 대접을 해 주지 않는 이유가 여기에 있다.

지도자라면 설익은 본인의 생각을 일방적으로 우기기 전에 많은 공부와 고민을 해야 할 필요가 있다. 특히 통일·외교·안보 분야에 제대로 된 고민이 없는 이는 적어도 대선에는 나오지 말아야 할 것이다. 정쟁을 줄이고 여야가 모두 깊이 있게 논의하는 분위기가 조성되어야 하는데, 이를 위해서는 집권 세력이 대화와 토론이 가능한 수준이 되어야 한다. 진지하게 숙고한 안을 가지고 토의하여 국민에게 공감대를 이끌어 내는 결론을 도출해야 하며, 그 결과 충분히 합의된 국가 전략이 발표되어 타국에서도 그 내용을 알도록 해야 한다.

국제 질서 전환기에서의 대응력과 새로운 정치질서의 필요성

지금처럼 국제 질서가 급변하는 환경에서 대한민국과 같이 지정학적으로 민감한 위치에 있는 나라에서는 국가적 차원의 통일되고 성숙한 전략적 대응, 정치권의 깊이 있는 논쟁, 시민의 숙의가 전제되어야 한다.

우리나라는 반도 국가로서 남북이 분단되어 있고, 한반도를 중심으로 중국, 러시아 같은 전체주의적인 강대국들이 인접해 있다. 세계 최강국이나 그 영향력이 조금씩 쇠퇴하면서 자국 중심의 정책이 뚜렷해지고 있는 미국이 동맹국이며, 우호적이나 야심 많은 일본을 또 다른 인접국으로 둔 대한민국은 언제든지 화약고가 될 수 있는 지정학적 위치에 있다. 반면에 어느 나라든 우리가 길목에 있으므로 그 지경학적 이점을 잘 살리면 엄청난 번영을 누릴 수 있다.

결국 우리의 운명은 우리가 하기 나름이다. 이런 나라에서 국제 질서에 대한 통찰력이 없는 지도자가 대통령이 되는 것은 엄청난 비극이다. 마찬가지로 국회 또한 우리가 처한 전환기적 위기를 잘 극복할 지혜를 논하는 곳이 되어야 한다. 그런데 왜 우리 대통령이나 국회는 그에 못 미치는가? 사람의 문제도 있지만, 그런 역량이 있는 사람이 당선되고 일하기에는 우리의 선거 제도, 환경 등이 적절치 않기 때문이다. 그러면 바꾸어야 한다. 그런 인재들이 와서 일하고, 당선되고, 점점 더 그런 역량을 키울 수 있는 곳으로. 그래야 대한민국은 진정한 선진국이 될 수 있다.

그 새로운 질서는 무엇인가? 이 책에서도 언급한 것처럼 그것이 내가 생각하는 '제3의 길'이다. 지금까지의 익숙한 길을 벗어나 새로운 길을 만들고 그 길로 우리는 가야 한다. '제7공화국'으로 가자!

개헌해서 상·하원을 두고 상원에서는 일정한 정치 경험과 통찰력을 갖추고 국가와 광역 차원의 걱정을 하는 정치인들이 큰 정치를 하도록 해야 한다. 그래서 하원에서 작은 이슈들로 정쟁이 벌어지고 그렇게 법안이 통과되더라도 국가 차원에서 바람직하지 않은 포퓰리즘 법안들은 걸러져야 한다. 그런 고민을 할 줄 아는 정치인이 광역단체장도 되고, 국정 운영도 해야 한다. 자꾸 작은 이슈에 매몰된 정치, 자기 소속당만 생각하는 정치, 포퓰리즘이 횡행하다 보니 국민이 정치인을 대통령감으로 생각하지 않게 되고 엉뚱하게도 정치 경험이 일천한 검찰총장, 감사원장 같은 분들이 나라를 생각하는 의인으로 보이는 것이다.

하지만 정치야말로 고도의 전문직이다. 그런 분들은 검찰총장, 감사원장으로는 훌륭할지 몰라도, 정치는 다른 세계다. 남을 처벌하고 감사하는 게 아니라 수많은 이해관계를 조율하고 새로운 제도를 설계해서 새로운 질서를 만드는 창조적 작업이 바로 정치다. 그리고 권력기관을 민주적으로 통제하는 곳이 바로 국회다. 지금까지 우리 국회는 대부분 큰 정치를 하지 않았다. 단원제 국회는 대개 독재국가나 전체주의 국가에서나 하는 모델이다. 그런데 민주화 이후 우리는 대통령에 집중된 권한을 견제하는 시스템을 고민하지도 않았지만, 국회가 제 기능을 다하도록 그 시스템을 발전시키는 것도 간과했다.

제6공화국을 주도한 사람들의 한계였다. 그러다 보니 정치를 모르는 사람들이 일시적인 인기에 영합해 갑자기 큰 정치권력을 갖게 되고 국정이 그들의 시험대가 되고 있다. 그래서 국민들의 소중한 시간이 그들 정치 아마추어들의 권력을 잡기 위한 시험기간으로 낭비되고 있다. 대한민국처럼 중견선진국이 된 나라에서 유독 정치가 엉망진창인 이유가 여기에 있다.

예를 들어, 신입사원이 들어오면 매우 신선하기야 하겠지만, 그렇다고 그들에게 CEO의 일을 맡길 수 있겠는가? 인기투표하듯 언론에서 갑자기 몇몇 스타들을 띄운다고 그들에게 갑자기 이 복잡한 국가의 운영, 5천만 국민의 삶을 맡길 수는 없는 노릇이다. 그런데도 그 스타들에게 눈길이 가는 이유는, 국회의 운영행태나 논의주제 자체가 국민들 눈높이에서 볼 때 국정을 맡길 수준이 안 된다고 생각하기 때문일 것이다.

　이대로는 안 된다. 국회의 역할과 운영 메커니즘을 바꾸자. 양원제는 필수다. 하원은 더 많은 수를 뽑되, 그에 투입되는 보좌 인원과 예산을 대폭 줄이자. 상원은 적은 수를 뽑되, 대선거구가 되는 것이다. 자기 소속 정당이나 인맥, 지역 등에 매몰되지 않는 진정한 전국구를 선출하는 것이다. 정치 경험자 중 통찰력 있고 지혜로운 인재들은 그 경험을 당이나 소지역이 아니라 나라를 위해 쓰게 해야 한다.

　외교전략과 통일전략, 거시경제를 고민하게 하고, 대통령도, 광역단체장도, 잠룡도 국민들이 그들의 비전 경쟁 속에서 행복한 고민을 해서 선출하자. 그래야 그 경쟁 끝에 대통령이 되든 안 되든 큰 정치인들이 나오고, 존경받는 정치원로가 나오고 할 것 아닌가? 4선, 5선이 되어서도 다시 당선되기 위해 지역구에서 작은 시장통에 얼굴도장 찍으러 다니다가 공천 때면 당 지도부에 줄이나 서고 장관 한자리 하려고 굽신거리며 옳은 말 한마디도 못 하는 국회의원을 어떤 국민이 대통령감으로 생각하겠는가? 대한민국의 정치판은 정치인재를 키우는 게 아니라 사장시키고 망치는 곳이 되어버린지 오래다. 이제 이 판을 바꾸어야 한다.

진영 간 대리전의 위험, 우리의 미래는?

그렇다면 미국 중심의 일극 체제가 쇠퇴하고 다극 체제로의 이행이 점쳐지는 이 시대에 대한민국의 미래 외교 전략은 어떤 것이어야 할까? 여전히 "고래 싸움에 새우 등 터진다."란 속담으로 대한민국의 처지를 설명하려는 이들도 있다. 여기에서 미국, 중국, 러시아, 일본 등은 고래에 해당하고, 한국은 새우에 해당할 것이다. 하지만 오늘날 대한민국이 지닌 국제 사회에서의 위상은 비록 강대국은 아니지만, 중견 선진국 정도는 된다. 십여 년 전부터 한국은 이제 '새우'에는 비유될 수 없으며, '돌고래', '범고래'는 된다는 논의가 나오는 것도 그래서다. 여전히 '새우'의 처지라고 자조하기보다는 '돌고래' 혹은 '범고래'의 위상에 걸맞은 외교 전략을 수립해야 한다.

대한민국은 부존자원이 부족하지만, 야심 차고 성실한 국민성과 높은 교육열에 기초한 우수한 인적 자원을 활용하여 가성비 좋은 제품을 전 세계에 팔아 수출로 먹고 살아왔다. 이런 나라는 국제 교류가 자유롭고 활발할 때 넓은 시장을 활용해서 융성하고, 국제 관계가 얼어붙어 시장이 블록화되면 침체할 수밖에 없다.

더구나 한국은 해양 세력과 대륙 세력이 부딪히는 지정학적 위치 때문에 전환기가 닥칠 때마다 안보를 위협받았다. 세계 평화가 위협받고 전쟁이 빈번해질 때마다 한반도에 문제가 생겼다. 지금도 '팍스 아메리카나'의 패권을 놓지 않으려는 미국과 다극 체제로의 이행을 바라는 중국과 러시아 모두 우리의 인접국이다. 안보 위기를 어떻게 잘 관리하느냐가 무엇보다 중요하다.

우크라이나-러시아 전쟁과 같은 일이 한반도나 대만 해협에서 일어날 수 있을까? 미국과 중국 G2 양국이 충돌한다면 사소한 충돌도 자존심 싸움으로 번져 사활을 건 전쟁이나 진영 간 대결로 확대될 가능성이 있다. 양국 모두 상대방의 압박에 밀려 물러서는 상황을 대국이 쇠퇴하는 징후라고 생각할 것이기 때문이다. 초기의 작은 충돌, 국지전 단계에서 신속히 화해하지 못하면 끔찍한 전면전이 벌어질 수 있다. 그리고 역사적으로 강대국 간 진영 전쟁, 세계대전의 성격을 가진 전쟁은 한쪽의 완전한 몰락이 아닌 이상 항상 양쪽의 어지간한 휴전으로 종결되곤 했다.

현대전에는 핵무기와 같은 대량 살상 무기가 있기 때문에 G2 양국 모두 직접적인 전쟁은 피하고 싶을 것이다. 양국 모두 핵보유국이므로 한쪽의 완전한 몰락도 사실상 공멸이며, 공멸을 피하고자 타협한다고 하더라도 실효적 이익도 없이 극심한 손해와 살상만을 감수해야 하는 상황이 된다. 그래서 그 살벌한 냉전기에도 미국과 소련은 대리전을 할지언정 직접적인 충돌은 피했다.

결국 미국과 러시아 관계에서든 혹은 미국과 중국 관계에서

든 슈퍼 파워들끼리의 다툼에선 전쟁이 일어나더라도 전면전보다는 대리전의 성격을 띤 전쟁이 일어날 것이다. 또한 그 대리전은 양 진영의 결속을 다져 강대국 간 이해관계를 서로 조정하는 힘겨루기는 될지언정, 한쪽의 완전한 승리로 귀결되기는 어렵다. 지금 벌어지고 있는 우크라이나-러시아 전쟁의 상황 역시 그렇거니와, 우리가 미소 냉전기에 겪은 동족상잔의 비극인 6·25 전쟁이 정확히 그랬다. 그때와 비교하자면, 지금은 미중러, 그리고 북한마저 핵을 보유하고 있어서 위험은 더 커졌다.

우크라이나-러시아 전쟁을 보라. 부자는 망해도 3대를 간다는 말이 있듯, 강대국은 쇠락해질지언정 절대 쉽게 망하지 않는다. 특히 세계사적으로 나폴레옹도, 히틀러도 그 큰 러시아의 동토를 함락시킬 수 없었다. 우크라이나는 본래 소련의 위성국이었다가 소련 공산주의가 몰락하고 러시아와 함께 독립하였다. 우크라이나 동쪽은 여전히 러시아계 슬라브족이 살고 있다. 2000년대 이후 세계화의 흐름에 따라 다른 동유럽 국가들처럼 우크라이나에도 자유의 바람이 불어왔으며, 2013년 유로마이단 운동이 일어나 유럽 연합과의 통합, 즉 동유럽이 아닌 서구 사회에의 편입을 지향하는 분위기가 팽배해졌다. 결국 시민혁명이 일어나 당시 집권 세력인 친러 성향의 야누코비치 정권을 무너뜨렸고, 친서방 성향의 새로운 정권이 들어서 나토 가입 등을 추진하였다.

구정권의 잔존 세력은 슬라브계 주민이 주로 사는 동부와 남부에 결집하여 자치공화국을 선포하고 반군 운동을 이어갔고, 2014년 러시아가 개입하여 크림반도를 병합한다. 이후에도 지속된 대립은 우크라이나-러시아 전쟁으로 이어졌는데, 초기 우크라이나에 막대한 지원을 하던 미국 등 서방 국가들은 전쟁이 장기화하자 점차 부담을 느끼고 전쟁 지원에서 발을 빼는 중이다.

일부에서 휴전을 권하고 있지만, 우크라이나의 젤렌스키 대통령은 거부하고 있다. 하지만 장기화되는 전쟁과 늘어나는 자국민의 희생, 서방의 제재에도 아랑곳하지 않고 계속되는 러시아의 공격, 일각에서 제기되는 젤렌스키 일가의 부정 축재 의혹과 나빠지는 여론, 미국 내 여론의 변화와 의회의 지원 예산 동결 등으로 인해 안타깝게도 우크라이나-러시아 전쟁은 성과 없이 휴전으로 갈 공산이 커지고 있다. 결국 전장이 된 우크라이나 국민만 큰 희생을 치른 셈이 되었다.

요컨대 우리는 한반도에서 진영 간 대리전이 일어날 위험을 무조건 피해야만 한다. 어떤 경우를 가정하더라도 이익은 없고 위험만 큰 상황이다. 남북 모두 이득을 볼 수 없으며 승패조차 무의미한 소모적 공멸전이 될 가능성이 크다는 점에서 양자의 이해관계는 다르지 않다. 이 사실을 뻔히 알면서도 어리석은 행동으로 한반도가 공멸의 길로 치닫는다면 얼마나 통탄할 일이겠는가?

한국이 국제 사회에서 새로운 리더십을 세우고 국제 공공재를 형성하려면

원조를 받던 나라가 원조를 주는 나라가 되면서 생긴 일들

일제 강점기에서 독립한 직후의 대한민국은 세계 최빈국 수준의 국가였고, 그나마 있던 인프라마저 6·25 전쟁으로 폐허가 되었다. 우리는 6·25 전쟁조차 UN군의 지원에 힘입어 간신히 방어했고, 전쟁이 끝난 후에도 한미 상호방위조약에 따라 미군 주둔이 유지됐다. 이후 냉전기가 본격화되면서 남북한은 본격적인 체제 경쟁으로 들어갔다.

미국은 마셜 플랜 이후 동맹국들에 대한 전폭적 지원을 토대로 체제 경쟁에서 자국의 동맹국들이 승리할 수 있도록 노력했다. 그 와중에 대한민국은 미국의 원조만 잘 활용한 게 아니라 박정희 정권 이후 산업화 과정을 거치면서 일본과의 경제 협력을 토대로 미국 등 서방 국가로 상품 수출을 하면서 중화학공업화까지 성공하게 된다.

이런 배경하에서 우리나라는 경세든 안보든 미국, 일본 및 서방 국가들에 절대적으로 의존할 수밖에 없었다. 물론 이 당시에는 우리 경제 규모가 크지 않았고, 국방력도 그리 대단하지 않았기 때문에 미국 등 우방국들에 대한 의존도가 크다고 해서 그리 문제가 되지 않았다.

그런데 이후에는 상황이 바뀌었다. 88 올림픽 이후 소련 등 구 공산권이 몰락하고 중국의 개혁개방이 이루어지는 상황에서 노태우 정부 이후 북방 정책을 본격적으로 추진한 대한민국은 본격적으로 자유 진영을 넘어서 전 세계에 진출한다. 세계화로 인한 번영의 시기에 탑승한 것이다. 또한 산업화를 성공적으로 완수하고 IMF 위기를 극복하면서 한국은 IT 강국으로 발돋움한다. 반도체 등 첨단 기술 발전이 필요한 전략 산업에도 공격적인 투자를 하고 크나큰 성과를 낸다. '한강의 기적'에 이은 '세계화의 기적'이 시작된 것이다.

2천 년대 이후 한국은 선진국과 후진국을 가리지 않고, 민주주의 국가와 독재국가를 가리지 않고 물건을 팔 수만 있다면 어디에든 팔았다. 선진국 수준에 필적하는 품질의 물건을 선진국보다 좀 더 싸게 파는 '가성비'가 대한민국 공산품의 큰 경쟁력이었다. 이를 통해 대한민국은 경제적으로 세계로부터 원조를 받던 나라에서 원조를 주는 나라가 됐고, 당당한 선진국의 일원이 됐다.

지금의 대한민국은 선진 공업국에도 경쟁자가 되었기 때문에 과거의 동맹국들에서도 견제받기 시작했다. 미·중 갈등이 본격화하면서 국제 시장은 블록화되었으며, 자원민족주의는 점차 강해졌다. 각자도생의 세계에서 한국은 무기로 삼을 부존자원도 없는데, 에너지와 원자재·인건비 등 생산 원가는 점점 비싸지고 있다. 내수 시장은 턱없이 작고 수출을 통해 먹고 사는 우리에게 진영의 대립과 블록화 경향은 치명적이었다.

다행히 그사이 반도체뿐만 아니라 K-방산 등 첨단 기술 분야에서 우리의 역량은 세계 최고 수준에 근접했지만, 아직도 원천 기술이나 정밀 소재 부문 등에서는 아직도 갈 길이 먼 것이 현실이다.

자율적인 전략 외교가 중요하다

게다가 미국이나 일본 등 우방이라는 국가들조차 자국 중심적 경제·안보 정책을 강력히 시행하면서, 한국은 군사적으로는 협력할지언정 경제·산업적으로는 견제해야 할 경쟁국이 됐다. 과거 원조나 받던 한국의 처지와는 달라졌다. 이러한 환경의 변화 속에서 외국인 투자 기업 중 전략 산업에 속하는 것들은 사국의 리쇼어링 정책에 따라 자국으로 조금씩 복귀하고 있고, 한국의 전략 산업 관련 기업들조차 미국의 보조금 정책 등에 따라 비싼 원가와 낮은 수익에도 불구하고 울며 겨자 먹기로 생산 시설을 미국 등 수출 대상국에 지어야 하는 것이 현실이다.

대한민국은 이렇게까지 급변하는 국제 정세, 특히 경제·안보 측면에서 진영으로 나뉘는 블록화와 반세계화라는 흐름에 적응하지 못하고 있다. 물론 이러한 환경은 애초에 구조적으로 우리에게 전적으로 불리한 것이다. 그리고 이러한 경제 흐름은 우리의 힘만으로 바꿀 수 있는 것은 아니다. 그렇더라도 아무 생각 없이 국제적 진영 대결의 흐름을 무작정 좇아가며 우리에게 불리한 그 흐름을 완화하기보다 스스로 오히려 강화하는 최근의 행보는 치명적인 실책이다.

대한민국은 자원이 부족하고 인구 규모도 크지 않아 자유무역의 최대 수혜자이므로 진영 대결이 강화될수록 생존이 어려워지는 나라다. 더구나 지금은 과거 냉전기처럼 미국이 절대적 리더십을 갖고 동맹국들을 전폭적으로 지원해 줄 형편도 아니고, 그럴 의도도 없으며, 상대국들과의 뚜렷한 이념적 대립 구도도 없다. 구소련처럼 단일한 국가가 상대도 아니다. 한마디로 막강한 미국 중심의 일극 체제가 그 힘과 리더십의 쇠퇴에 따라 원심력이 강해지면서 여기저기에서 민족주의에 기반을 둔 도전자들이 생기는 중이다.

대한민국은 과거부터 자원은 부족하고 땅도 좁은데 뛰어난 인적 자원 하나로 버텨 왔다. 좋은 기술과 서비스로 어디든 가서 돈을 벌었다. "세상은 넓고 할 일은 많다." 이것이 한국의 운명이다. 우리는 글로벌 노마드가 되어야 한다.

물론 그렇다고 해서 당장 미국을 중국 등 다른 나라가 추월하는 일이 벌어지지는 않을 것이다. 다만, 구냉전기와 다른 각자도생의 현실을 직시하자는 것이다. 그러니 마땅히 자국의 경제 이익을 위해서라도 자율적인 전략 외교를 추구해야 한다. 이는 이념 대결이나 옳고 그름의 문제가 아니라 먹거리의 문제이며 생존의 문제다. 국내정치에서의 정의에 대한 논의와 무정부상태의 국제정치에서의 그것은 다를 수밖에 없다. 이 사실을 깨닫지 못하고 국제적 진영 대결을 부추기는 외교를 한다면 한국 경제는 회복될 수 없는 수렁으로 빠져들게 될지도 모른다.

경제만이 아니다. 군사적인 측면에서도 우리는 지정학적으로 인접한 중국이나 러시아와 지나치게 적대적인 관계가 형성되는 것을 지양해야 한다. 북·중·러의 삼각동맹이 우리에게 적대적인 방식으로 강고해지는 상황은 악몽이 될 것이다. 이 문제는 결코 선악의 문제가 아니라, 우리의 생존의 문제임을 직시해야 한다.

한반도가 화약고가 되어서도 안 되며, 한반도에서 긴장을 완화하고 대북 관계에서 운신의 폭을 넓히기 위해서라도 중국 및 러시아와의 협력이 꼭 필요하다. 설령 그게 어렵다고 해도 중국 및 러시아와 적대적인 관계가 되는 것, 한반도가 다시 해양 세력과 대륙 세력의 전장이 되는 것만은 막아야 한다. 우리 아이들이 걱정되지 않는가?

이처럼 한미 동맹과 일본과의 우호 관계는 유지하면서, 중국 및 러시아와는 적대적 관계가 아닌 협력 관계, 혹은 최소한 평화적 상호 존중 관계라도 유지하려면 우리는 어떻게 해야 할까? 외교의 측면에서 주체적 자율성을 반드시 확보해야 한다. 인도처럼 미국이 주도하는 인도-태평양 전략에 참여하면서도 러시아와 필요할 때는 교류한다거나, 베트남처럼 미 항공모함의 주둔을 용인하면서도 중국의 물류 기지로서 상거래를 활발히 한다거나 하는 전략적인 외교를 구사해야 한다. 심지어 미국이나 일본조차도 뒤로는 중국, 러시아, 북한 등과 대화하고 교류하기 위해 노력하고 있지 않은가? 윤 대통령 혹은 검찰세력의 이분법적 세계관이 지금처럼 예민한 국제질서의 전환기에 어떤 영향을 미칠까 걱정하지 않을 수 없다.

한편으로 이러한 주체적 자율성을 확보하고 세계가 우리가 원하지 않는 방향으로 흘러가는 걸 막기 위해서는 한국은 우리와 입장이 유사한 나라와 연대해야 한다. 예를 들면 베트남·인도네시아 등 아세안 국가들이나 인도나 브라질과 같은 '브릭스BRICs'의 일원인 비교적 국제 사회에 개방적인 제3세계 국가들, 그리고 독일과 프랑스, 캐나다 등의 중견 선진국들을 생각해 볼 수 있다. 이들 나라는 모두 미국과 중국, 혹은 미국과 러시아 사이에서 일견 미국의 요구를 받아들이는 것처럼 보이면서 자국의 이익을 도모하고 운신의 폭을 넓히기 위해 자율적인 전략 외교를 추구하는 나라들이라는 공통점이 있다.

이러한 나라들과 연대하면서 한국은 지나친 블록화가 물가 폭등을 조장하는 등 세계 경제를 어렵게 만들고 있고 평화 역시 해치고 있으니 다시 자유와 개방, 공존의 시대로 복귀하여야 한다는 주장을 지속해야 한다. 이는 선진국 한국이 국제 사회에서 새로운 리더십을 세우고 우리 나름의 국제전략 혹은 이데올로기, 일종의 국제 공공재를 형성하는 기회가 될 수도 있다. 언제까지나

주변의 강대국에 눌려 전전긍긍하며 살 수는 없다. 우리만의 국제 공공재를 만들고 국제사회에서 리더십을 세워야 한다.

다극 체제로의 전환기, 새로운 패권 경쟁

국제 사회는 본질적으로 무정부 상태이다. 국제 사회를 지배하는 권력이 따로 있는 게 아니기 때문이다. 1차 세계대전 이후의 국제 연맹이나 2차 세계대전 이후의 국제연합^{UN} 같은 국제기구조차도 다자주의에 입각한 협의기구일 뿐 단일국가처럼 강제력이 있는 권력은 아니다. 따라서 국제 사회는 본질적으로 무정부 상태에서 기인한 약육강식의 정글과 같은 상태이다. 국제 사회에선 일정한 질서가 있다고 한들 사실상 힘(패권)에 의한 질서일 뿐이다.

그렇기에 국제 사회는 역설적으로 독보적 패권이 존재할 때 좀 더 질서정연해진다. 냉전 시기에 양 패권 세력이 세계를 분점 했을 때 국제 사회가 상대적으로 안정을 유지했던 것이나, 냉전 종식 이후 미국의 일극 체제, 즉 팍스 아메리카나$^{PAX\ AMERICANA}$에서 자유주의적 질서 아래 풍요의 시대가 지속된 것과 같은 이치다.

따라서 절대 패권이 부재한 춘추전국시대일수록 백가쟁명이 치열하듯이 미국 중심의 일극 체제가 약해지고 다극 체제를 향해

가고 있는 지금의 세계는 더더욱 약육강식과 '각국도생'의 생태계로 재편될 수밖에 없다. 재편 과정의 과도기에선 크나큰 혼란이 있을 것이다. 그 국제 질서의 전환기에 우리가 얼마나 힘의 이동과 흐름에 민감하고 얼마나 그 상황을 잘 활용하면서 적용하느냐에 따라서 우리의 운명도 달라질 것이다. "위기가 곧 기회"란 말은 권력의 공백 상태에서 새로운 권력이 탄생하고 힘의 변이가 생긴다는 뜻으로 해석할 수 있다.

강력한 미국 중심의 일극 체제가 점차 약해지고 다극 체제로 전환되는 과도기에 특히 '브릭스BRICs'라 불리는 중국, 러시아, 인도, 브라질 등 신흥 강국들이 부상하면서 각축전이 점차 치열해지고 있다. 이들 국가는 누가 새로운 패권이 되는가, 혹은 적어도 누가 미국 외 또 다른 패권국으로 등극하는가를 결정짓는 경쟁의 갈림길에 서 있다. 그래서 이들 신흥 강국은 넓은 국토, 많은 인구(노동력, 구매력), 자원을 무기로 자원 경쟁이 치열한 지금을 기회로 보고 미국의 그늘에서 벗어나 독자 세력화를 도모하는 중이다.

미·중 패권 경쟁, 어떻게 끝날까?

특히 현재의 다극 체제에서는 중국의 도전으로 인한 미·중 간 패권 경쟁이 매우 치열하다. 그렇다면 이 패권 경쟁은 어떤 새로운 질서로 재편될 것인가? 과연 미국이 두려워하듯이 중국은 미국을 넘어설 것인가?

　결론부터 말하자면, 나는 중국이 미국을 위협할 정도는 될지 몰라도 당장 미국을 넘어서긴 어렵다고 생각한다. 양국의 GDP만을 비교하면 중국이 상당히 위협적인 것은 사실이다. 그러나 국제 사회의 패권은 단순히 GDP의 크기만으로 좌우되는 것은 아니다. 일단 GDP를 비교하더라도 1인당 GDP를 비교하면 미국이 중국보다 월등히 높아서 중국의 경제 수준이 미국에 근접했다고 보긴 어렵다. 또한 군사력의 규모를 보더라도 중국의 군사력이 매우 빠르게 증대하고 있긴 하나 여전히 미국과 비교하면 턱없이 모자란다. 그뿐만 아니라, 미래의 경제력을 가늠해 볼 수 있는 창업 비율 등 경제의 활성화 정도도 중국이 미국을 따라가긴 멀었고, 여전히 미국의 달러 패권이 공고하다.

　더구나 국제 사회의 패권을 쥐기 위해선 이데올로기, 즉 국제 공공재를 제공해야 한다. 그런데 전체주의에 가까운 중국의 정치 체제로는 미국이 구축한 자유주의적 세계 질서를 무너뜨리기는 어렵다. 물론 미국의 자국중심주의와 보호무역의 강화 등 국제 공공재가 약해지면서 미국의 패권이 약해지는 요인이 되고 있지만, 자유와 인권, 부패 방지, 기후 변화, ESG 같은 자유주의적 이데올로기에 기반을 둔 표준은 국제 공공재의 역할을 지속할 것이며, 미국이 선도적으로 개발한 각 첨단 기술 분야에서의 글로벌 표준도 중국이 금방 따라잡기는 어려울 것이다. 당장 중국은 이른바 소프트 파워의 측면에서는 미국에 대항하기는커녕 경제 규모가 훨씬 작은 대한민국에도 뒤처져 보이는 것이 엄연한 현실이다.

다만, 14억에 달하는 세계 최대의 인구 규모, 큰 국토, 국민의 성장 욕구와 높은 교육열, 중국 공산당 정부의 패권 의지, 오랜 역사 등을 감안할 때 중국의 잠재력은 여전하다. 아마도 미국의 견제가 극심한 지금 당분간은 어려움을 겪겠지만, 그렇다고 저 거대한 내수 시장을 보유한 중국 경제가 쉽게 망하진 않을 것이다. 미국도 중국이 미국을 추격하는 속도를 늦추고 전략 분야에서의 우위를 유지하고자 하는 것이지, 중국 경제가 망하길 바라는 것은 아니다. 만약 중국 경제가 망한다면 미국뿐만 아니라 전 세계 경제에 엄청난 영향을 미치게 된다.

대개 경쟁 관계에서 정보 공유나 교류를 차단함으로써 현재의 기술 수준을 상대방이 따라잡지 못한다고 하더라도, 상대의 대내외적 여건이 발전 상황에 있다면 아예 현재의 수준을 훌쩍 뛰어넘어 바로 혁신적 기술을 개발할 가능성도 있다. 그리되면 한동안 주춤거리며 제동이 걸리던 중국이 시간이 지나면서 어느 순간 미국을 추월할 가능성도 배제할 수 없다. 이런 여건하에서 우리는 미국 중심의 패권 질서와 함께하되, 중국이 당장 망한다는 성급한 판단을 하거나 지나친 적대 관계를 설정하여 나라를 위기에 빠뜨리는 어리석은 행동을 지양해야 한다. 10년, 혹은 수십 년 후 국제 사회가 어떻게 될지는 아무도 모른다. 중요한 건 친구는 더 친해지고, 적은 만들지 말며, 전환기에 우리 대한민국의 위상이 더 커질 기회를 포착해야 한다는 것이다.

남북한 핵 균형과 통일로 가는 길

'강한 나라'의 꿈 - 자주국방과 핵무장

내가 어릴 때 우리 가족은 해운회사의 주재원으로 파견 나간 아버지를 따라 싱가포르에서 지냈다. 내가 다닌 '리버 밸리 (영어) 초등학교 River Valley English School'는 싱가포르의 공립학교였는데, 화교와 말레이계 외에도 유럽, 미국, 아시아 각국의 아이들이 섞여 있었다. 그런데 그 당시(1980년 전후)만 해도 한국의 위상이 그다지 높지 않았기 때문에 아이들이랑 섞여 놀면서 자기 나라 애기만 하면 기가 많이 죽었다. 아마도 그때부터였던 것 같다. 우리나라도 '강한 나라'였으면 좋겠다는 바람을 가진 것은⋯.

핵무장을 비롯한 자주국방은 단순히 주권 국가로서의 당위적 얘기 이상의 과제다. 대한민국의 지정학적 위치를 보면 남북한은 분단되어 있는데, 남한은 삼면이 바다로 둘러싸여 있으며, 위로는 북한에 막혀 있는 섬과 같은 지역이다. 게다가 한국은 중국과 일본 사이에 있으며 역사적으로 두 나라에 번번이 침략당했다. 북한은 중국 및 러시아와 국경을 접하고 있는데, 중국은 G2로서 세계 패권의 야욕을 숨기지 않고 있으며, 현재 미국과 패권 경쟁을 치열하게 벌이는 중이다. 러시아도 다극 체제로의 국제 질서 전환에 대한 야욕을 숨기지 않는다. 일본 또한 과거 G3로서 항상 패권을 향한 야욕을 가져왔고, 지금은 아시아에서 미국의 인도-태평양 전략의 대리인을 자처하면서 평화헌법 수정과 재무장을 하고자 한다.

이런 여건에서 대한민국에 자주국방과 '강한 나라'의 꿈은 '선택'이 아니라 '필수'다. 자주국방을 하지 못하고 나라가 약하면 언제나 생존의 어려움에 직면했던 것이 우리의 운명이었다. 대한민국은 숙명적으로 적당한 수준으로 사는 데 안주할 수 없는 나라다. 세계 최고 수준의 산업 경쟁력과 국방력을 보유하지 않으면 주변의 강국들에 의해 언제 어떻게 될지 모르는 운명이다.

역설적으로 그런 운명 속에서 살아남기 위해 몸부림친 것이

한강의 기적과 세계화의 기적을 지나 오늘날 대한민국을 만들었다. 북한 역시 경제적으로는 심하게 낙후되었지만, 역설적으로 이와 같은 운명적 조건 속에서 살아남기 위해 몸부림치다 보니 핵 보유까지 간 것이기도 하다. 우리에게는 매우 위험한 일이 되었지만 말이다.

자주국방, 특히 핵무장은 단지 국방에 국한한 문제는 아니다. 최근 미국의 IRA법 및 반도체 과학법 등에서도 보듯이 자국중심주의가 강해지면서 우리나라는 반도체 등 주요 전략 산업에 대한 중국과의 거래 규제, 미국 내 공장 설립과 미국 노동자들에게 대한 제조 노하우 전수 등 많은 불공정한 규제와 제한을 당했다. 그런데 이러한 부당한 압박에 대해서도 우리 정부는 제대로 목소리를 내지 못했다. 이는 정부의 판단력과 세계관의 문제도 있겠지만, 실은 한미 동맹에의 지나친 의존 때문이기도 하다.

단적인 예로 일본이 미국과의 1985년의 플라자 합의와 1995년의 역플라자 합의를 통해 잃어버린 30년의 경기 침체 터널에 빠진 것을 보라. 일본이 그 당시의 그러한 합의들이 자국의 경제에 역효과를 내리라는 사실을 전혀 몰랐다고 생각하지는 않는다. 그런데도 일본이 그러한 합의를 할 수밖에 없었던 까닭은 일본이 2차 세계대전 당시 미국에 패배한 패전국이며 한때 미군정의 지배를 받았고 현재도 국방을 미국에 거의 전적으로 의존하고 있는 나라이기 때문이다.

　나는 한국인으로서 당연히 일본의 재무장에 반대하지만, 일본이 자국의 경제가 망가지는데도 미국에 종속될 수밖에 없었던 배경은 국방의 종속에서 비롯된다고 생각한다. 경제가 먹고사는 문제라면 국방은 죽고 사는 문제다. 그리고 죽고 사는 문제에 발목이 잡히면 먹고사는 문제에서도 자율성이 사라진다.

　과거 미국의 원조로 경제가 지탱되던 때와 달리 지금 우리 산업은 많은 부분 미국의 산업과 경쟁 관계에 있을 정도로 성장하였고, 미국의 외교·통상 정책도 과거 냉전기(마셜 플랜으로 동맹들을 적극 지원하던) 때처럼 일방적으로 동맹들을 지원하지 않고 철저히 자국 중심의 정책을 펴고 있다. 따라서 지금 우리에게는 전략적으로 주한미군은 꼭 필요하지만, 계속해서 아무 대책도 없이 군사적으로 일방적 의존을 계속하는 한, 우리는 경제적으로도 미국에 예속될 수밖에 없다.

　우리는 호주처럼 자원도 풍부하지 않고, 인도처럼 인건비가 싸지도 않으며, 일본처럼 내수 시장이 일정 규모 이상이 되지도 않는다. 한마디로 말해 수출을 못 하면 우리는 생존이 어렵다. 지난 수십 년간 우리는 그곳이 독재국가든 공산국가든 어디든 달려가서 물건을 팔았다. 미국은 그로 인해 우리의 경제 행위를 통제하면서도 과거처럼 지원이나 대가마저 분명치 않으니, 어찌 보면 우리의 지나친 안보적 의존이 우리 경제의 발목을 잡고 있는 상황에 빠진 것이다.

자주국방은 이제 단순한 군사적 자립의 문제가 아니라, 우리 경제와 외교에서 최소한의 자율성 확보를 위해 필수적인 요소가 되었다. 국방비용의 막대한 규모의 특성상 갑자기 큰 변화가 일어날 수는 없더라도, 적어도 우리가 가야 할 방향은 자주국방을 실현하는 길임은 명백하다.

북한의 비핵화와 남북 교류, 공포의 균형

한편 우리나라는 좌우 진영에 따라 대북관이나 안보관, 통일관이 너무 달랐다. 예를 들어 과거 문재인 정부는 단계적 비핵화에 따른 경협과 지원을 하자는 입장이었던 데 반해, 보수정치권은 선 비핵화, 후 지원을 주장했다. 문재인 정부는 과거 김대중 정부의 햇볕정책을 근간으로 포용 정책을 펼친 데 반해, 보수 세력의 기본적인 생각은 북한을 믿을 수 없으므로 비핵화 의지가 확인되기 전에는 지원할 수 없다는 것이다. 비핵화 이전에 이루어진 지원에 대해선 핵 제조를 도와준 매국적인 행위라 규탄한다.

어느 한 입장이 절대적으로 진리일까? 그렇지 않다. 평화 시에는 진보 측의 얘기가 설득력이 있고, 긴장이 고조되면 보수 측의 얘기가 설득력이 있다. 어차피 이런 문제는 정답이 없다. 왜냐하면 이런 문제는 당연히 상대적인 것이기 때문이다. 북한과 우리가 아예 대화를 단절하면 한반도 평화가 지켜지나? 대화의 단절과 정보의 부재는 오히려 더 위험한 상황을 초래할 수 있다. 그렇다고 무소선 버 주는 것도 능사가 아니다. 중요한 것은 북한은 우리의 안전을 위해, 더 나아가 우리의 이해관계를 위해 '관리'해야 하는 존재라는 점이다. 그러니 당근과 채찍을 적절히 병행해야 한다. 전략적으로 영리하게 말이다. 근본적으로는 우리 스스로 건드릴 수 없을 정도로 강해진다면 무엇이 걱정이겠는가?

이번 우크라이나-러시아 전쟁을 보면서 두 가지 교훈을 얻을 수 있다. 첫째는 동맹은 중요하지만, 그것만 믿고 대책 없이 행동하면 안 된다는 것, 둘째는 핵 없이는 핵보유국을 결코 이길 수 없다는 것이다. 그런데 이제는 북한의 비핵화가 사실상 어려워졌음을 직시해야 한다. 그렇다면 남북 경협이나 교류 등은 영원히 해서는 안 되는 것일까? 우리는 핵을 가진 북한에 대해선 어떠한 지원도 할 수 없는 것일까? 물론 우리의 이익을 위해서라도 우리는 북한을 '관리'해야 하므로 적절한 수준에서 전략적으로 지원해야 한다. 그러나 결국 보수 세력의 강경한 태도는 핵에 대한 공포, 비핵화 가능성에 대한 회의 때문이므로, 그 태도가 전혀 불합리하다고 할 수는 없다. 결국 핵 문제를 해결해야 한다.

미국은 한국 내 핵무장 여론이 확산하는 것을 알고는 지난 워싱턴 회담에서 확대된 '확산 억제' 전략을 제안하였다. 그러나 그 확산 억제라는 게 결국 미국의 핵우산 제공이 본질 아닌가? 그런데 그 핵우산이 미국 본토가 위협받는데도 작동하진 않을 것이다. 과거 프랑스의 드골 대통령이 "과연 미국이 뉴욕을 포기하고 파리를 지킬 것인가?"라고 말했던 것처럼 "과연 미국이 뉴욕을 포기하고 서울을 지킬 것인가?"라고 묻지 않을 수 없다.

더구나 지금은 북한만이 아니라 막강한 핵보유국인 중국과 러시아하고의 관계마저 악화된 상황 아닌가? 뭐라고 하더라도 우리의 생존을 두고 낙관적 기대에만 의지하는 것은 매우 어리석은 태도이다. 국민의 생명과 우리의 역사를 생각한다면 1%의 불안도 남겨둘 수는 없다는 게 내 생각이다.

비핵화가 불가능한 상황에서 우리의 핵 공포를 없애려면 독자적으로 핵 균형을 달성하는 방도밖에 없다. 전술핵 재배치나 핵 공유 역시 본질적으로 미국의 결정에 의존하는 구도이므로, "뉴욕을 포기하고 서울을 지킬 것인가?"라는 질문은 마찬가지로 적용이 된다. 우리의 독자적 핵무장은 북한 비핵화가 물 건너간 상황에서 남북한 관계의 평화적 관리를 위해서도 반드시 고려해야 한다.

다만, 독자적 핵무장은 국제적 제재 등을 각오하지 않고 가능한 시나리오가 아니므로 당장은 완전한 핵무장을 할 수는 없더라도 즉각적인 핵무장이 가능한 수준까지는 되도록 국제 사회를 설득해야 한다. NPT^{핵확산금지조약}에 따라 북한의 핵 보유가 사실상 인정된 지금이 적기다. 더구나 한반도를 둘러싼 각국 간의 긴장 관계가 과거와는 달라졌지 않는가?

MZ세대의 물음, "남북한 통일, 정말 필요한가요?"

우리 부모 세대는 더했겠지만, 나 같은 X세대조차도 어릴 때 '우리의 소원은 통일'이라는 노래를 가끔 불렀다. 지금 아이들도 통일은 꼭 해야 한다는 교육을 받고 자라난다. 그런데 어느 날인가부터 우리는 "꼭 통일해야 하나?" 하는 의문을 품기 시작했다. 이러한 의문 또는 회의는 아마도 북한의 핵 개발이 본격화되고 남북한의 경제력 격차가 커지면서 생겨났을 것이다. 북한이 핵까지 개발한 마당에 남한 주도의 통일은 불가능해 보이는 데다가, 만일 통일한 이후 경제의 활력이 더 나빠지고 정치적으로 더 억압되어 삶의 질이 더 나빠진다면 차라리 통일을 안 하는 게 더 낫다는 생각이 널리 퍼지게 된 것이다.

물론 독일도 그러했지만, 국민 통합과 시스템 통합을 이루는 과정에서 일시적으로 나라가 혼란스러울 수도 있고, 경제가 어려움을 겪을 수도 있다. 그러나 바람직한 의미의 통일은 적어도 궁극적으로는 국가의 번영과 국민의 행복으로 연결되어야만 할 것이다. 우리가 통일을 바라는 궁극적 이유는 통일을 통해 민족이 함께 번영을 누리자는 것이지 통일 그 자체가 목적은 아니기 때문이다.

통일은 우리가 계획한다고 되는 것도 아니다. 갑자기 올 수도 있다. 예를 들어 독일 통일도 국제 사회의 세계화·자유화 흐름이 있었기 때문이지 독일 혼자 통일하겠다고 해서 된 게 아니다. 다만, 독일이 통일을 준비하지 않았다면 때가 왔다 하더라도 이루지 못했을 것이다. 독일과 달리 세계화·자유화의 흐름에도 한반도는 통일되지 않은 것이 그런 연유이다. 더구나 통일이 갑자기 된다고 하더라도, 동족끼리 전쟁까지 한 우리는 다른 경우와 달리 갈등의 정도가 엄청날 것이다.

세계사를 보면, 한 국가 내에 서로 다른 체제나 민족, 종교 등의 갈등이 심각해지면 이는 내전으로 이어지고 분단으로 귀결되는 경우가 많다. 따라서 통일도 중요하지만, 통일 후가 혼란과 내전 등과 같은 비극으로 끝나지 않고 상호 윈-윈하여 화합과 번영으로 이어지려면 치밀한 준비가 필요하다. 즉, 통일 전 단계에서 예상되는 경제적 갈등과 정치적 갈등 등을 어느 정도 완화하는 과도기가 필요하다. 통일이라는 게 갑작스럽게 찾아올 수도 있으므로 예상되는 갈등과 그 완화 방안에 대한 고민을 사전에 마련하고 조금씩 실천하고 있어야 한다.

우리가 부러워하는 독일의 통일 역시 자유화·세계화 분위기에 따른 독일의 민주화 열망과 동유럽 공산주의의 몰락이라는 시대적 배경 덕분에 정치적 갈등 요인이 어느 정도 해소된 상태였기에 가능했다. 그러나 그런 독일조차도 통일 이후 경제력 차이에서 비롯된 동서 간 갈등, 차별 등이 심각했고, 그로 인해 성장이 한동안 정체되었다. 독일이 통일 이후 심각한 내부 갈등과 경제 격차를 해소하기까지는 정부와 국민의 지대한 노력이 있었다.

무엇보다도 독일이 통일 이후의 경제력 차이와 갈등 등을 해소할 수 있었던 결정적 요인은 유럽 통합이었다. 유럽 전체의 통합을 통해 유럽이 단일시장화되고 통합을 지향해 가면서 독일 내부의 경제력 차이나 갈등 등은 그 속에 자연스레 녹아들었다. 물론 유럽 통합도 세계화와 자유 무역의 큰 세계사적 흐름 속에서 가능했던 일이었다. 그러니 통일 이전에 통합의 작업에 대해 만만하게 생각해선 안 된다.

통일이 또 다른 분열의 시작이 아니라 진정한 통합을 통해 전진하는 계기가 되려면, 정치적·경제적 갈등 완화를 위한 단계부터 거쳐야 한다. 그래야 통일 이후의 공동체가 지속 가능해지고 우리 모두의 번영으로 연결될 것이다.

어떻든 궁극적으로는 통일이 더 나은 길임을 부인할 수는 없다. 더구나 지금 같이 원자재 등 공급망 재편 속에서 자원민족주의와 블록경제화가 급속히 진행되는 상황에서는 생존을 위해 내수 시장이 일정 규모 이상이 되어야 한다. 그런데 현재 우리는 인구 5천만에 불과하고, 노동력(인건비)은 비싼 편이라 매우 취약하다. 따라서 남한의 자본과 기술력, 북한의 근면하고 저렴한 노동력이 결합하고, 남북한 경제의 결합으로 내수 시장이 8천만 이상으로 커지면 경제 성장은 엄청날 것이다.

GDP 규모도 현재 세계 10~13위의 규모에서 7~9위 정도로 부상할 것으로 예상된다. 또한 통일 이후에는 북한의 인프라 개발에 투자를 통한 경기 부양, 북한의 잠재적 소비 시장 활용 등이 가능해진다. 당장 통일까지는 어렵더라도 남북한 경제공동체만 구성되더라도 우리의 경쟁력은 엄청나게 달라질 것이다.

그러므로 비록 만만치 않은 통일 비용과 과도기적인 어려움이 있다 하더라도 장기적으로 볼 때 남북한의 통일은 남북한 모두의 미래를 위해 꼭 필요하다. 아마도 우리가 경제적 격차를 해소하고 문화적 동질성을 회복하는 과정에서 통일이라는 과업을 두어 세대 이후로 미루더라도, 만약 지금까지 내가 설명한 내용과 비슷한 방향으로 우리의 외교·안보 국가 전략이 전개된다면, 후손들은 결국에 통일이라는 결론에 도달할 것이라고 믿어 의심치 않는다. 왜냐하면 앞서 말한 것처럼 한국의 지정학적 조건에서 '강한 나라'의 꿈은 '선택'이 아니라 '필수'이기 때문이다.

우리가 가야 할 방향은 분명하다. 비전이 있는 집단과 없는 집단은 결과가 다를 수밖에 없다. 다만, 그 길을 우리는 유능하게, 조급하지 않게 가야 한다.

PART 06

제7공화국으로 향하는
제3의 길

내가 생각하는 제3의 길은 '정의로운 길'이다.
내가 어느 편이냐에 따라 그 정의로운 길은 달라지지 않는다.
어느 편이든 간에 공통의 정의로운 길을 우리는 찾아가야 한다.
마치 대법원 앞에 세워 둔 정의의 여신상처럼…. 나는 일관되게 외쳐 왔다.
나는 국민의힘 이전에 대한민국 정치인이고,
더불어민주당 이전에 대한민국 정치인이다.
나는 어느 정당 이전에 대한민국 정치인이다.
나는 누구 편이 아니라, 대한민국 편이고, 국민의 편이다.

이 책에서 나는 줄곧 '망국적 진영병'을 규탄해 왔다. 그 사례는 지금까지도 많이 제시했지만, 사실 얘기하자면 한도 끝도 없다. 예를 들어 문재인 정권 때 '문노스'라고 해서 대학생들이 타노스(영화 〈어벤져스: 인피니티 워〉의 메인 악당이자 '인피니티 사가' 스토리의 진 최종 보스)의 얼굴에 문재인 대통령의 사진을 집어넣은 풍자 삽화를 그려서 문제가 된 사건이 있었다. 경찰이 그 대학생 집을 압수수색하는 과잉 대응을 했다. 그렇게 해서 표현의 자유 논쟁이 있었다. 나도 그때 과잉 대응이고, 표현의 자유를 침해한 헌법 정신 위반 행위라고 비판했다.

그 후 정권이 교체됐다. 그런데 윤석열 정부 때는 '윤석열차' 포스터 논란이 생겨났다. 그런데 놀라운 것은 문파들이 표현의 자유를 탄압했다고 난리 쳤던 현 정부의 지지층이 '윤석열차' 포스터에 상을 주지 않기로 한 문화체육관광부의 대응을 지지했다는 것이다. 일관성을 챙기는 게 아니라, '예전에 쟤들도 그랬으니까 우리도 똑같이 갚아주자.'와 같은 태도를 보인 것이다.

이런 그림은 상을 줄 수 없다고 말하다가, 그렇게만 말하기는 다소 계면쩍었는지 그 그림이 표절이라는 주장, 혹은 표절까진 아니라도 창의성이 부족하니 상 줄 만한 그림은 아니었다는 주장이 나오기도 했다. 나는 '윤석열차' 포스터 논란 역시 표현의 자유를 탄압했다고 비판했다.

'진영병'에 걸린 대한민국

인사권의 사유화야말로 이익 카르텔

나는 문재인 정부 시절 부동산 폭등 국면에서 김현미 국토교통부 장관을 호되게 비판했다. 당시 국민의힘에서도 김현미 장관을 당장 경질하라고 난리를 쳤다. 김현미 장관이 교체되지 않자, 당시 야당에서는 '내 식구 감싸기'란 식으로 비판했다. 하지만 이태원 참사, 경찰 조직과의 갈등 등 계속해서 물의를 일으킨 이상민 행정안전부 장관에 대한 국민의힘의 태도는 어떠한가. 이상민 장관에 대해서도 현 야당인 더불어민주당에서 경질하라고 요구했고,

국민 여론 다수도 해임을 원했지만, 국민의힘은 끝까지 감쌌다. 그렇다면 '내 식구 감싸기'란 비판은 이제 누구를 향해야 할까?

내 식구라면 이권을 추구해도 감싸는 대표적인 사례가 이전 문재인 정부에서는 이상직 의원이었다고 생각한다. 결국 의원직을 잃고 감옥에 가긴 했지만, 애초 문제 있는 사람을 공천했다는 사실은 변하지 않는다.

그런데 윤석열 정부에서도 윤핵관에 의한 낙하산 인사의 사례가 굉장히 많다. 대표적인 인물이 최연혜 한국가스공사 사장이다. 최연혜 사장은 과거 박근혜 정부 시절에 한국철도공사 사장을 지냈는데, 그래도 철도에 관해서는 수십 년의 전문성이 있는 사람이었다. 하지만 가스 분야에 관한 전문성은 전혀 없었다. 전문성이 부족해서 면접에서 탈락한 사람을 무리하게 임명했는데, 결국 난방비 인상과 관련해서 비전문성을 드러내고 논란이 됐다.

그 외에도 도로공사, 난방공사 등 각종 공공기관 사장을 비롯해 박주선 위원장이 석유협회 회장, 이은재 전 의원이 전문건설협회 이사장으로 가는 등 납득하기 어려운 인사가 만연했다. 심지어 김병준 교수는 전경련 회장으로 갔다. 전경련은 과거 국정농단 관련 물의를 일으킨 곳이라 권력으로부터의 독립이 제일 중요한데도 권력에 밀착한 인사를 보냈으니 그야말로 할 말이 없다. 더구나 전경련의 정경유착, 국정농단 건은 윤석열 대통령 스스로 수사하고 기소한 사건이 아닌가? 그런데 어떻게 이런 인사를 할 수가 있는가? 설마 또다시 전경련을 통해 재벌 팔을 비틀어 뭔가 받아 낼 생각은 없길 바란다.

나경원 의원이 저출산위원회 부위원장직을 사퇴했을 때는 김영미라는 동서대학교 교수가 기다렸다는 듯이 후임으로 갔는데, 동서대학교는 장제원 의원의 아버지가 설립한 학교이다. 당연히 나경원 의원이 물러나자마자 너무 뜬금없는 사람이 그 자리에 임명되니 사람들은 어떤 관계 때문에 그 사람이 그 자리에 임명됐는지를 의심할 수밖에 없었다.

예전 정부가 '운동권 정부'라며 인사 비판했던 현 정부가 대선 때는 전문가를 쓰겠다고 공언했지만, 검찰 출신만 쓰고 있다. 대통령실 비서실은 그렇다 쳐도, 금융감독원장 같은 전문 분야까지 검찰 출신을 앉혔다. 기업 수사나 금융 수사를 많이 해서 쓰나보다 이해하려 했지만, 결과적으로 금리나 은행 감독에 관한 정책 문제에서 월권을 마구 해서 한국은행의 정책 효과를 떨어뜨리고 시장에 혼선을 주고 있다.

초등학교 5세 입학 같은 설익은 정책을 불쑥 들고나와 난리가 나서 금세 낙마한 교육부 장관의 사례도 있었다. 윤핵관이나 핵심 측근이 추천한 일종의 낙하산인 듯했는데, 비전문성의 끝판을 보여줬다. 학문 이력이 교육과는 거리가 먼 행정학 일변도였던 사람인데, 음주운전 이력에도 불구하고 청문회 없이 인사를 강행했지만, 결과적으로는 취임 35일 만에 사퇴하면서 윤석열 정부의 첫 사퇴 각료가 됐다. 그뿐이 아니다. 김행, 신원식, 이동관, 김홍일 등등 모두가 사적 관계가 기준인 듯하다. 김건희 인맥이라서, 관련 분야 전문성이나 소신이 아니라 언론 장악, 군 장악을 위해서, 검찰 세력화를 위해서 등등 그 인사의 배경조차 문제다.

대선은 약탈 전쟁, 자리는 그 전리품

사실 공공기관이나 각종 협회의 낙하산 문제는 단순히 권력의 사유화 차원을 넘어서서 사회가 이해관계로 편을 갈라 대립하는 걸 부추기게 된다. 중국 공산당은 국가 소유 공사를 통해 공산당 일당의 지배를 더욱 공고화한다고 한다. 우리나라는 그러한 일당 독재국가는 아니지만, 낙하산이 만연하면 국민이 두 패로 나뉘어 죽자 살자 싸우게 된다. 두 패로 나뉘어 일자리와 이익을 나누는 일종의 카르텔이 되는 것이다. 생계형이든 일자리든 사업 기회든 결국은 우리나라가 두 개의 팀으로 나뉘는 것이나 다름없다.

물론 정치라는 게 자원 배분의 의사결정이라는 점에서 그런 이해관계로 여러 편이 나뉘는 게 어떤 면에서는 자연스러울 수도 있다. 문제는 그게 합리적인 수준에서 조정되어야 하고, 서로 양보하는 부분이 있어야 하는데, 상대를 죽이지 않으면 내가 죽는 '혈투' 수준으로 퇴화하고 있다는 것이다. 게다가 그러한 다툼이 차츰 전 국민적 차원으로 확대되고 있다. 예전에도 정치 세력끼리는 보복했다지만, 요즘은 온 국민이 참여하는 정쟁과 보복의 악순환이 일어나게 됐다. 이런 상황이 지속되면 진영 싸움이 단순히 이념의 문제가 아니라 이해관계 때문이라 더더욱 해결될 수 없다.

최근 KBS와 MBC 두 공영방송에서 일어나는 일들을 보면서 다시 한번 느끼게 됐다. KBS에서 진행자와 출연자가 잘려 나가고, MBC가 '바이든 쪽팔려서'라는 보도를 했다고 정부의 탄압을 받는 상황을 보고 나는 언론의 자유 침해는 잘못된 일이라 말했다. 그러자 문재인 정부 내내 언론의 자유를 지키자고 떠들던 사람들이 이번에는 정부의 압박이 당연하다는 식으로 말했다. 잠시 황당했는데, 알고 보니 각 언론사 내부가 양 진영으로 나뉘어 있어 정권 교체에 맞춰 일정의 세력 교체를 해야 하는 것이었다. 지배구조가 바뀌어야 라인이 다른 간부들한테도 기회가 온다고 했다.

언론, 특히 보도 분야의 간부들이 양 진영으로 나뉘어 있다는 걸 알고 큰 충격을 받았다. 마치 분단된 나라를 보는 것과 다를 바가 없었다. 따라서 정권이 바뀌면 그 전 정권에서 주류였던 사람들을 밀어내야 하는 것이었다. 즉, 대선 혹은 공영방송사를 둘러싼 분쟁은 일종의 약탈 전쟁이고, 각종 자리는 전리품이었다. 그 장관직이, 그 위원장직이, 그 방송 진행자가 가장 그 일을 잘할 사람이 아니라, 대선이나 방송 장악 싸움에서 얼마나 편을 잘 들고 얼마나 앞장서서 상대를 모독하느냐 얼마나 권력자와 가까우냐에 따라 주어지는 전리품이었다. 검찰의 수사조차 겉으로는 정의를 실현하는 듯하지만, 알고 보면 헤게모니를 잡기 위한 수단이었다. 따라서 그런 구조적 문제를 방치한 채 사람만 갖고 이러쿵저러쿵한다거나 물갈이를 해봐야 해결되지 않는다.

나는 실제로는 대통령 권한으로부터 나오는 각종 이해관계의 문제, 두 진영으로 나뉘어 싸우다 보니 어느새 각자의 생존으로 연결된 문제, 이런 것이 더 본질적인 문제가 아닌가 생각하게 됐다. 이는 엄청나게 심각한 문제이고 이것이야말로 적폐인데, 이런 행태를 뿌리 뽑을 대안을 고민해야 할 때가 왔다.

돌고 도는 세상에서 나는 제자리를 지킨다

지금은 국민의힘이 문제지만, 돌이켜 보면 지난 정부도 다르지 않았다. 정권을 잡았을 때는 왜 방송법을 처리하지 않았는가? 역대 어느 정권이든 정도 차이는 있지만, 끊임없이 방통위를 통해 언론을 장악해 왔다. 이번 총선 이후 우리는 언론 방송의 자유와 독립성을 보장할 수 있는 개혁을 추진해야 한다. 어느 정권이든 다시는 언론 장악이 불가능하게끔 말이다.

나는 방송통신위원회를 궁극적으로 폐지하거나 대통령으로부터 독립시키고 정당의 추천 몫을 없애야 한다고 생각한다. 방송통신 정책은 관련 부처와 상임위에서 하면 되지 않는가? 그런데 왜 굳이 방통위를 두고 거기에 누군가를 앉혀 놓고는 전전긍긍하는가? 그동안 과연 국가가 방송통신정책에 감 놔라 배 놔라 하는 것이 바람직한 결과를 가져왔는지 의문이다. 구체적 범법 행위에 대한 처벌은 방송통신심의위원회나 수사기관 및 사법기관 역할의 실효성 강화를 통해서 하면 충분하다고 본다.

혹자는 내가 이리저리 옮겨 다녔다고 한다. 틀렸다. 나는 그때도, 지금도 제자리다. 나는 맹목적으로 누구 편을 들지 않는다. 그저 무엇이 정의로운지 무엇이 헌법 정신에 부합하는지 이언주의 생각을 말할 뿐이다. 정확히 말하면 내가 아니라, 그들이야말로 일관되지 않고 왔다갔다 했다. 정치인들이 권력이 사라지면 언론의 자유를 주장했다가 권력이 생기면 언론 장악의 주구가 될 때, 나는 일관되게 언론의 자유와 독립성을 주장하고 싸워왔다.

문재인 정부 시절에 나는 핍박받는 보수 측 인사들을 도와줬다. 그때 내게 더불어민주당 측(진보 측) 인사들은 그런 이들을 도와주는 내가 이상하다며 비난했다. 이제는 내가 이런 거친 절차를 통해 결국 네 편 자르고 내 편 채울 거 아니냐 하면, 아마 국민의힘 측(보수 측) 인사들이 예전의 더불어민주당 인사들과 같은 말을 내게 할 것이다.

나는 '이상한 나라의 앨리스'가 된 것일까, 아니면 소인국에 온 걸리버가 된 것일까? 보수와 진보의 가치는 보이지도 않는데, 다들 보수가 이겨야 한다, 진보가 이겨야 한다 떠든다. 정권이 바뀔 때마다 방송법에 대한 찬반의 태도가 바뀌고 아직도 통과되지 못했다는 사실만이 남는다. 방송법의 내용에 대한 쟁점이 무엇인지조차도 들리지 않는다. 정권이 몇 번 바뀌는 새 국회는 거짓말쟁이들의 소굴이 됐다.

비정상의 정상화는 네 편을 죽이고 내 편만 살리는 게 아니라 네 편 내 편 할 거 없이 절차를 지키고 기회를 주고 자율성을 부여하는 것이다. 설혹 어느 집단이 어떤 성향을 나타내든 그건 그들의 자유다. 내가 이기기 위해 언론을 과도하게 이용할 생각을 버려야 한다. 중용을 지키고 균형과 유연성을 유지하는 게 그렇게 어려운 길일까?

혹자는 "예전에 그들이 그랬기 때문에 우리도 이렇게 할 수밖에 없다."라고 말한다. 이는 권력을 사적인 것으로 인식하는 사람의 전형적인 태도다. 권력을 주권자로부터 위임받은 공적인 것으로 생각하면 그렇게 말하지 못한다. "쟤들이 그랬어도 나는 제대로 해야지."라고 말하는 게 정상이다. 그전 정권을 탓하면 탓할수록 듣는 사람들, 특히 제3자들은 "너희나 더 잘하지 그래." 혹은 "너희가 더 못하네. 그럴 바엔 왜 정권을 교체해 달라 그랬어?"라고 말하게 된다. 서로 '내로남불'이라고 비난하면 더불어민주당에 핀잔이야 줄 수 있겠지만, 거기서 "우리는 반성할게."가 아니라 "우리가 이러는 건 괜찮아."라는 굉장히 비생산적인 결론이 나오는 게 황당한 상황이다.

대한민국이 '진영병'이라는 망국병에 걸렸다는 사실을 깨닫는 국민이 날로 늘어나고 있다. 많은 국민은 이미 짧은 시간 동안에 정치인들이 권력을 잡느냐 못 잡느냐에 따라 얼마나 표리부동해질 수 있는지를 똑똑히 잘 보았다. 이제는 침묵하고 있는 다수 국민이 깨어나야 한다. 그간 '깨어 있는 시민'이란 표현은 민주당을 지지하는 이들을 가리키는 말로 잘못 사용되어 왔다. '공정과 상식'이나 '시민적 상식'이란 말 역시 마찬가지로 보수층의 용어로 사용되었다. 독립적으로 판단하는 지성을 가리켜야 할 말이 한쪽을 맹목적으로 지지하는 이들을 가리켜 온 것이다.

나는 '깨어 있는 시민', '상식', 그리고 '시민적 상식'이란 말이야말로 어느 한쪽 편에 치우쳐서가 아니라, 누가 보더라도 수긍할 수 있는 보편타당한 걸로 이해한다. 나는 시민적 상식을 가진 깨

시민들이 일어나 망국적 진영병을 치유하는 그날을 꿈꾼다. 돌고 도는 세상에서 나는 제자리를 지키려 한다. 앞으로 더 많은 이가 제자리에서 함께하길 바란다.

서로에 대한 이해와 인정의 폭을 증진하는 작업이 필요하다

보복 정치, 어떻게 해결할 것인가?

우리는 남북한의 갈등을 이념 문제라고 생각한다. 하지만 같은 분단국가라 해도 한국의 남북한 문제는 왜 독일의 동서독 문제와 다를까? 한국에선 동족상잔의 전쟁이 있었지만, 독일에선 그러한 전쟁이 없었기 때문이다. 따라서 남북한 문제는, 이념 이전에 넘을 수 없는 감정, 정서의 문제를 내포하고 있다. 내 가족, 친척을 죽인 사람들에 대한 분노를 극복한다는 게 쉽지 않다.

한국의 진영 정치에서도 이와 같은 상황이 반복되고 있다. 군사독재 세력(산업화 세력)과 그에 맞서며 핍박을 받아 온 민주화 세력은 수십 년간 거의 내전을 치러 온 것이나 다름없었다. 다행히 민주화 이후 김대중 정권이 연합정권을 구성하면서 자연스레 좌우 대립은 약해졌다. 당시의 시대상에 힘입은 것이기도 하다. 하지만 이후 노무현 전 대통령의 죽음과 박근혜 전 대통령의 탄핵을 거치면서 두 세력은 다시 공존할 수 없는, 반드시 궤멸해야 할 원수가 되어 버렸다. 우리는 이러한 감정의 골에 대해서는 서로의 상황을 역지사지하면서 넘어서야 한다. 이념 이전에 역사의 문제, 정서의 문제이기 때문에 역지사지가 필요하다.

역지사지하기 위해서는 서로의 역사를 있는 그대로 돌이켜 볼 줄 알아야 한다. 산업화의 길이 제1의 길, 민주화의 길이 제2의 길이었다면 민주화 이후 우리가 가야 할 길, 제3의 길은 산업화와 민주화 시대를 다 존중하면서 그 정신을 융합한 길이여야 한다. 그 두 정신을 융합하려면 그 두 시대, 두 세력의 생각과 정서를 모두 잘 알아야 한다. 전두환은 제외하더라도 적어도 이승만, 박정희 대통령과 김영삼, 김대중, 노무현 대통령에 대해서는 공과를 함께 판단해야 한다.

비록 그들이 독재자였다는 사실과 그 행적의 과오는 결코 부인할 수 없지만, 자유민주주의 정부 및 시장경제 체제의 확립, 6·25 전쟁 직후 한미 상호방위조약 체결과 토지개혁(이승만), 경제 성장을 국가 정책의 최우선 순위로 하여 올바른 방식으로 국력을 집중하고 자주국방의 기틀을 마련(박정희)해서 현재 대한민국이 번영한 기틀을 놓았던 이들임을 인정할 수 있다고 생각한다.

제6공화국 출범 이후 민주화 시대에는 진영에 상관없이 노태우·김영삼·김대중·노무현에 이르기까지 나름대로 시대의 과업에 대면하고 우리의 정치를 발전시켜 왔다고 평가할 수 있다. 다행히 최근의 젊은 세대는 김영삼 전 대통령과 김대중 전 대통령을 함께 민주화 운동의 투사이자 한국사회를 개혁하고 민주주의를 안착시킨 대통령으로 인정하는 추세다. 보수의 입장에서는 노태우 전 대통령에 대한 다소 박한 세간의 평가가 섭섭할 수도 있겠으나, 그렇더라도 상호 인정의 영역은 증대되어야 한다고 생각한다.

어떻든 지금까지 우리는 상대 진영의 대통령을 인정하지 않고 계속 비난해 왔다. 하지만 진보 진영에서도 이제는 이승만·박정희 두 대통령의 공과를 냉철하게 있는 그대로 평가해 주자. 그리고 보수 세력 역시 김대중·노무현 두 대통령이 각각 정보화 혁명과 대중문화 육성·한미 FTA와 자주국방, 국민통합과 탈권위주의 등의 영역에서 보수주의자들도 인정하지 않으면 안 되는 공을 쌓았다는 사실을 인정하자.

오늘날처럼 검찰이 정치의 전면에 나설 수 있게 된 것은 정치권 스스로 검찰의 칼을 이용해 상대를 궤멸하고자 했기 때문이다. 즉, 검찰 정권의 등장은 '정치의 실패'가 만들어 낸 결과물이다. 앞서 말한 것과 같이 노무현 전 대통령의 죽음과 박근혜 전 대통령의 탄핵 사례는 양 진영에 극심한 감정의 골을 만들었다. 이 감정의 골을 역지사지로 넘어서려면 좀 더 긴 역사의 문맥, 대한민국이 지금까지 그나마 성공해 온 문맥을 짚어 보면서 서로에 대한 이해와 인정의 폭을 증진하는 작업을 계속하지 않으면 안 된다.

지금 우리나라에서는 양당끼리만 싸우는 것이 아니라 정당 내부에서도 서로를 죽고 죽이는 정글 정치, 승자독식의 정치가 판을 친다. 이는 산업화와 민주화 이후 우리가 꿈꾸던 나라와는 거리가 멀다. 대한민국이 경제적으로 명백하게 선진국에 진입한 이 시점에 정치만큼은 개발도상국형 정치로 되돌아간 셈이다. 이 문제를 해결하려면 권력 독점을 위한 욕망, 상대를 해코지해서 내가 이기고자 하는 욕심을 넘어서야 한다.

나 역시 한때는 저런 욕망과 욕심에서 예외적인 이가 아니었지만, 조금씩 깨닫고 돌아보는 중이다. 다수가 이 진리를 깨닫는다면 정말로 정치가 변하게 될 것이다. 통합과 혁신의 시대정신을 향해 다수 정치인과 국민이 함께 나아갈 그날을 기대해 본다.

갈등을 잘 해소하면 역동성이 회복된다

'망국적 진영병'을 규탄해 온 나이지만, 세상에 어찌 갈등이 없을 수 있나? 즉, 갈등의 존재 그 자체는 매우 자연스러운 것이다. 문제는 그 갈등을 해소할 정치가 실종되었다는 것이다. 정치의 기능이 살아 있으면 갈등 상황을 중재나 타협을 통해 해소해서 우리 사회에 필요한 역동성을 회복할 수 있다.

그간 한국 정치에서 보수주의자들은 민주주의에 익숙하지 않은 관계로 갈등을 무조건 나쁜 것으로 치부하고 억누르려고만 했다. 그리고 박정희 시절 경제 성장의 초창기까지는 시민들도 먹고사는 문제를 해결하기 위해 일단은 갈등을 표출하지 않고 인내하는 것에 대해 암묵적으로 동의했던 부분이 있다. 그러나 이는 시민들이 인내한 것이지, 갈등 자체가 사라졌던 것은 아니다. 반면, 우리 정치에서 진보주의자들은 대결적 좌파 이념에 익숙했던 관계로 갈등 자체를 정치의 목적인 것처럼 추구하고 그것을 해소하지 않은 채 그중 한쪽 편을 들면서 권력 기반으로 삼으려고 했던 측면이 있다.

하지만 우리에게도 민주주의를 통해 갈등에 대해 어느 정도 타협하면서 역동성을 이끌어 냈던 사례들이 존재한다. 나는 1980년대 후반의 극심한 사회 갈등이 해소된 후 1990년대 초반에 우리 사회가 맞이했던 역동성의 사례, 1990년대 후반의 극심한 사회 갈등이 해결된 후 2000년대 초반에 우리 사회가 맞이했던 역동성의 사례에 주목한다. 1980년대 후반에는 시민혁명으로 제6공화국이 출범하고, 노동자 대투쟁이 이전 독재 정부 시절을 지나면서 억눌렸던 임금 인상을 이끌어 내는 방향으로 해결됐다. 그 결과 1990년대 초반의 한국 사회엔 대중문화의 영역에서 활력이 찾아왔고, 자유롭고 활기찬 분위기 속에서 경제 성장 역시 어느 정도 이루어졌다.

만약에 김영삼 정부가 좀 더 현명한 금융 정책을 통해 IMF 구제금융 사태를 피해 갈 수 있었다면 우리에겐 더 긍정적인 미래가 주어졌을지도 모른다. 그러나 IMF 구제금융 사태로 인해 전개된 1990년대 후반의 갈등 상황에서도 해방 이후 최초의 수평적 정권 교체의 성공을 통해 그 갈등이 다른 방식으로 해결되었다. 그 결과 IMF 구제금융 사태의 충격이 컸음에도 불구하고 불과 몇 년 후인 2000년대 초반에는 정보화 혁명이 전 사회적으로 진행되었으며 정치 개혁에 대한 긍정적인 에너지가 용솟음쳤다. 그 역동성의 결과 3김 정치 시대를 벗어나는 노무현 전 대통령의 당선까지 이루어질 수 있었다.

우리는 앞으로도 정치를 활용한 갈등 조정을 통해 이러한 긍정적인 사례들을 새로이 이끌어 내야만 한다. 갈등을 무조건 백안시하기보다 그 갈등을 조정해 해소하고 통합함으로써 그 시너지가 민간의 역동성을 회복해 주는 방향이 정치의 역할이어야만 한다. 정치가 갈등 조정에 성공하기는커녕 그것을 오히려 부추겨서 우리 한국인에게 충만한 역동성을 지나친 이념 대립, 진영 대립이라는 소모적인 일에 낭비하게 해서는 안 된다.

한국사회는 오랜 권위주의 체제에 익숙해지다 보니, 갈등이 이미 내재되어 있는데도 그 표출을 백안시하고 말을 못 하게 하는 경향이 있다. 갈등의 표출은 조직의 안정을 해친다고 착각한다. 그런 생각은 숨막히는 권위주의 사회를 만들고 사회의 역동성을 저해한다. 물론 갈등을 부추겨도 안 되지만 있는 갈등을 억누르는 것은 자유를 억압하고 문제를 직시하는 것을 방해하기 때문이다. 따라서 갈등은 있는 그대로 표출하고, 존중하고, 그것을 조정해서 해결해 내는 성숙한 리더십이 지금 우리에게는 필요하다. 나는 믿는다. 갈등이 비로소 해결될 때 눌렸던 에너지가 폭발하고 그 사회는 한 단계 도약한다고. 경제가 한 단계 도약하는 것도 도전정신과 창의성이 발휘되는 것도 자유롭고 자존감이 충만한 사회에서 가능한 것이다. 한국 사회의 역동성이 다시 꽃을 피우는 자유롭고 자존감이 충만한 사회를 꿈꾼다면, 우리는 힘이 지배하는 사회, 도전을 누르는 사회, 상명하복의 권위주의 시대를 끝내야 한다.

시민민주주의, 그리고 제7공화국을 향해

지금과 같은 국제 질서의 전환기에 대한민국은 지혜롭게 대응해야 한다. 역사적으로 국제 질서의 전환기에는 힘의 전이와 이동이 발생하므로 강대국이 약해지기도 하고, 약소국이 한 단계 도약하기도 한다. 따라서 이럴 때일수록 대한민국은 전략적 외교를 구사해야 한다. 대북 관계도 마찬가지다. 그러려면 국가 차원의 전략이 정부와 정치권의 합의로 마련되고 국민이 공감대를 형성하고 있어야 함을 늘상 강조해 왔다. 그런데 대한민국은 과연 그러한가? 국가 전략의 합의는커녕 이런 정도로 국민 통합이 잘 안 되면 유사시 국론 분열이 생길 게 뻔하다. 이는 억지로 강요한다고 잘될 일도 아니다. 그러면 우리나라의 운명은 어찌 될 것인가? 이대로는 안 된다.

결국 내가 추구하는 것은 '시민민주주의'다. 적극적 시민과 공공선 실현을 위한 (시민)공화주의civic republicanism적 사상의 결합이다. 우리나라에서는 '자유민주주의'라고 하면 자꾸 반공을 떠올리는데, 자유민주주의가 공산주의와 대립하므로 반공이기도 하지만, 권위주의와도 대립하므로 시민민주주의는 자유민주주의이기도 하다. 한마디로 시민민주주의는 '깨어 있는 시민', 즉 자기 진영이나 자기 패거리의 이해관계를 넘어 공공선의 실현을 위해 적극적으로 사회활동을 하고, 주권자로서 의사를 표시하는 시민이 만들어 가는 민주주의다. 예를 들어 군, 검찰, 경찰, 국정원 등과 같은 권위주의적 권력기관 혹은 권력형 정보기관이 국가를 지배하는 권위주의 시대를 끝내고, 그런 권력기관들이 시민들에 의해 직간접적으로 통제되는 시민민주주의의 시대로 가야 한다.

최근 개봉된 영화 〈서울의 봄〉에서 보듯 1980년 이후 우리는 시민민주주의 국가의 시작을 꿈꾸었으나, 또 다른 군부 쿠데타에 의해 그 꿈은 짓밟히고 말았다. 87년 민주화 이후 우리는 다시 시민민주주의를 실현하는 듯했지만, 실상은 미완의 상태였다. 민주화 투쟁의 목표가 대통령 직선제 쟁취와 거의 동일시되면서, 제6공화국 헌법에 대통령 직선제를 도입한 것만으로도 마치 민주화가 다 된 것처럼 생각했던 듯하다. 그것은 당시 민주화 투쟁을 이끌었던 YS나 DJ의 대통령에 대한 권력 의지와도 맞닿아 있었다. 하지만 진정한 민주화란 권위주의, 즉 군부 독재가 무너진 그 자리에 권력을 국민에게 돌려주고, 주권자인 국민에 의한 현실 권력의 민주적 통제가 제대로 되는 시민민주주의여야 한다.

서구에서는 왕권이 무너지면서 부르주아지 세력, 즉 시민 세력이 중심이 되어 시민사회를 형성하고 국가를 건국하였으므로 자연스럽게 권력으로부터의 자유를 위한 민주주의인 자유민주주의, 즉 시민민주주의가 정착되었다. 그러다가 시민 세력이 대중화되면서 대중민주주의로 이전되었지만, 여전히 그 시민 세력이 사회의 중추 세력을 형성하고 있다. 반면에 대한민국은 식민지에서 독립한 이후 외부에서 민주주의가 이식되면서 국가 권력에 의한 위로부터의 민주주의가 시작되었다. 군부에 의한 권위주의 통치가 쉽게 수용될 수 있었던 배경이었다.

하지만 산업화 이후 도시 중산층이 성장하면서, 이 계층을 중심으로 민주화 욕구가 커져 나갔다. 87년 민주화가 성공할 수 있었던 배경에는 학생 운동권이 아닌 당시 '넥타이 부대'를 위시한 시민 세력과 블루칼라 같은 노동 세력이 함께하였기 때문이었다. 어쩌면 이즈음 등장한 중산층 세력이야말로 한국의 시민민주주의를 실현할 주축 세력, 즉 시민 세력이라고 생각한다. 따라서 시민민주주의를 실현하기 위해서는 이들 중산층 세력의 지지와 연대가 필수적이다.

시민민주주의는 대통령 등 선출된 권력자가 그 위임의 책무를 잊고 사유화한 권력을 국민에게 돌려줄 때 실현될 수 있다. 따라서 시민민주주의가 실현되려면 다양한 생각과 이해관계를 가진 시민들의 의사가 제대로, 그리고 합리적으로 반영될 수 있도록 집중된 권력을 나누고, 상호 견제되도록 설계해야 하며, 분권과 협치, 공론화와 숙의민주주의와 같은 소통과 의사결정의 절차가 자리 잡아야 한다.

아직 실현되지 못한
2017년의 시대적 소명

권력의 절대 반지를 파괴해야 하는 이유

87년 체제의 모순이 극대화하기 시작한 것은 바로 박근혜 대통령 탄핵 때였다. 국민은 대통령과 대통령 주변의 권력 사유화에 경종을 울리며, "대한민국은 민주공화국이다. 모든 권력은 국민에게서 나온다."라는 헌법 정신의 실현을 요구했다. 그리고 그렇게 권력이 사유화될 수 있는, 즉 대통령에게 모두가 줄 서고 조아리는 체제를 종식하라고 요구했다.

"이게 나라냐."라는 말은 "이게 민주공화국이냐."라는 말이었다. 한마디로 권한이 지나치게 집중되고 견제되지 않아 제왕이 되어 버린 대통령에 대한 문제 제기였다. 1987년에 체육관 선거를 못하게 하고 장기 집권을 막는 등에 집중한 나머지 직선제와 단임제는 만들었지만, 어떻게 대통령의 권력을 통제할지에 대해서는 신경 쓰지 못했다. 아니, 어쩌면 그 주인공들 모두가 대통령이 되고 싶었기 때문에 누구도 대통령 권력을 통제하고 싶지 않았는지도 모른다.

사실 탄핵 이후 우리 사회는 그러한 권력의 사유화 현상을 초래한 시스템에 대해 고민하고, 재발 방지를 위한 시스템 개혁에 나섰어야 했다. 물론 당시 개헌 논의를 비롯해 많은 논의가 있었다. 하지만 당시 대중은 드라마틱했던 최순실 일가와 대통령의 스캔들 및 비리 의혹에 너무 집중한 나머지 치솟는 분노에 휩쓸리고 말았다. 그리고 그러한 분노는 국회의 국정조사위원들과 특검팀을 영웅으로 만들기에 충분했다.

생각해 보면 당시 탄핵을 둘러싼 대중의 분노, 촛불집회로 대변되는 그 울분에 대해 정치권은 그 에너지를 그들의 정치적 전리품으로 삼는 데만 급급했지, 그 시대적 소명이 무엇인지 고민하고 그걸 실현하는 데는 소홀했다. 사실 당시의 소명은 대통령이 진실을 간과하고 올바른 판단을 못 하게 해서 결과적으로 권력이 제대로 행사되지 못하고 사유화되고 남용되어 국가를 잘못된 방향으로 이끄는 87년 체제, 더 이상 시대의 변화를 따라가지 못하는 상부구조를 개혁하고 새로운 질서를 세우는 것이 아니었을까?

"'절대반지'는 한번 끼고 나면 절대로 벗지 않는다. 끼기 전에 파괴해야 한다."

영화 〈반지의 제왕〉을 보면, 절대힘을 가질 수 있는 절대반지가 나온다. 그 절대적 힘은 너무나 막강하고, 그 힘을 향한 욕망은 너무나 강렬해서 그 반지를 끼고 나면 모두 그 반지에 혼을 빼앗기고 만다. 그래서 그 절대반지는 일단 끼면 절대로 벗을 수 없다. 절대힘은 타인만이 아니라 자신마저 파괴하기 마련이므로, 결국 그 반지는 끼기 전에 파괴해야 한다.

나는 2016년 말 국회에 설치된 개헌특위에서 그 발언을 했다. 대통령으로 선출되고 나면 그는 그 막강한 권력을 내려놓는 개헌을 할 이유가 없다. 따라서 누가 될지 모를 때, 누구든 야당이 될 가능성이 남아 있을 때, 제왕적 권력이 탄생하기 전에 대통령 권한을 축소하고 견제하는 방향으로, 더 다원적이고 수평적 방향으로 헌법을 개정해야 한다는 의미였다.

그런데 그러지 못했다. 왜냐하면 당시 대통령이 되는 데 관심이 있는 모든 주자가 반대하고 나섰기 때문이다. 문재인뿐만 아니라 안철수, 유승민 등 야당의 대선 주자 모두가 반대했던 걸로 기억한다. 어리석은 일이었다. 당선된 다음 대통령의 막강한 권한으로 이루고 싶은 일이 많았을 것이다.

그러나 내 생각은 다르다. 대한민국은 이미 대통령 한 사람이 제아무리 뛰어난들 (그렇지도 못했지만,) "나를 따르라."라고 한다고 세상을 천지개벽할 수 있는 수준의 나라가 이미 아니기 때문이다. 대한민국은 이미 수많은 뛰어난 기업과 인재가 움직이는 나라다. 따라서 국가의 역할은 마땅히 해야 할 책무를 다하는 것과 하지 말아야 할 일을 하지 않는 것이다. 오버해서 관치나 권위적 통치로 국민을 괴롭히지 않고 그들이 자율적으로 능력을 발휘할 수 있도록 도와줘야 한다. 더구나 지금 가장 중요한 일은 시대에 뒤떨어진 시스템을 시대에 맞게 고쳐 새로운 질서를 구축하는 것이 아닌가? 몸에 맞지 않은 작은 옷을 억지로 입고 있으면 탈이 난다. 이제는 몸에 맞는 옷으로 바꿔 입어야 한다.

권력 독점의 욕망으로 권력을 빼앗기다

탄핵 이후 대선에서 문재인 후보가 당선되었다. 더불어민주당에 있었던 나는 대선 전에 더불어민주당을 나와 국민의당으로 갔다. 그전부터 나는 더불어민주당의 대북 노선이나 경제 노선에 대해 이견이 있었고, 친문 주류 세력의 패권주의와 문파들의 문자

폭탄으로 많은 갈등을 빚고 있었다. 그러던 차에 개헌과 검찰 개혁, 방송 개혁 등 여러 개혁 과제에 관해 친문과 토론하면서 나는 그들이 집권하면 권력 장악을 통해 장기 집권을 하겠다는 얘길 들었다.

나는 박근혜 대통령에 대해 제왕적 권력, 권력의 시녀로 검찰을 부리는 행태를 비판하고, 테러방지법 반대 투쟁에서 내세운 권력기관에 대한 민주적 통제와 언론·검찰 등의 독립성 보장에 관해 많은 주장을 해 왔다. 그런데 더불어민주당 내 주류 세력 일부는 다른 생각을 하고 있었다. "왜 말이 달라지냐?"라며 내가 따지자, 그들은 "우리가 집권할 거잖아?"라는 답을 했다. 집권할 거니까 일부러 권력을 축소하고 나눌 이유가 없고, 오히려 권력을 장악해야 한다는 말이었다. 권력의 속성이 그렇다는 뜻이었다. 그 말을 들은 나는 더는 따지지 않았다.

문재인 정권 초기, 국민의당에서 나는 원내수석부대표를 맡아 당을 대표해 원내 교섭을 도맡아 했다. 그때 나는 더불어민주당에 국민의당, 바른정당과 함께 '공동개혁연대'를 결성하자고 했다. 문재인 대통령이 42%의 지지율로 당선되었지만, 취임 후 70%를 넘는 압도적 지지를 받게 된 건 국민의당과 바른정당에 지지를 보낸 국민, 즉 중도층이 더불어민주당이 탄핵 연대를 구성했던 세력을 연합해서 그 열망을 실현해 달라는 취지가 아니냐고 했다. 그러나 더불어민주당은 그러지 않았다. 20년 집권 운운하며 보수 궤멸에 몰두하면서 권력을 독점하는 데 집중했다. 결국 그 보수 궤멸에 앞장섰던 윤석열 검사에게 더불어민주당은 권력을 빼앗겼다.

문재인 정권 초기 압도적 지지 속에 집권 세력은 검찰 개혁, 언론 개혁, 개헌, 정치 개혁 등등 모든 게 가능했다. 하지만 하지 않았다. 그들의 역사적 소명을 잊고 권력을 되찾은 희열을 만끽하기만 했다. 탄핵 연대는 개혁 연대로 이어지지 못하고 깨지고 말았다.

더불어민주당이 내세운 검찰에 의해 적폐 청산의 칼은 점점 더 잔인해졌고, 나는 그들에 대해 점점 환멸을 느껴 갔다. 결국은 모두가 권력을 획득하고 장악하는 데만 관심이 있을 뿐이란 생각이 들었다.

'서울의 봄'은 다시 오는가

〈서울의 봄〉이란 영화가 요즘 공전의 히트 중이다. 10·26 사태 이후 권력의 공백 상태가 되자 국민은 민주화가 될 걸로 기대했다. 하지만 국민이 기다리던 '서울의 봄'은 12·12 사태로 무산되었다. 당시 국가의 정보를 장악하고 있던 보안사령관 전두환과 하나회 세력, 즉 신군부 세력에 의해 군사 반란이 일어났고, 군 내부가 하나회에 장악되어 있던 대한민국 군은 그 반란을 진압하는 데 실패했다.

이 영화를 남편과 같이 봤다. 다 아는 내용이라 생각하고 가볍게 데이트 삼아 같이 갔다가 보고 나서는 무거운 마음으로 나왔다. 일부 과장된 장면들이 있었지만, 군사 반란을 막으려는 군 내부의 의인들이 진압에 실패하였다는 사실, 즉 역사에서는 항상 정의가 이기는 게 아님을 보여 주는 그 결말에 매우 우울해졌다.

박근혜 탄핵 이후 새로운 시대가 도래할 것을 기대했지만, 새로운 시대는커녕 우리는 검찰의 시대가 도래한 것을 목격하고 있다. 또 다른 권위주의, 신권위주의, 신공안시대…. 이런 것들은 어쩌면 문재인 정권 당시 검찰이 자행한 적폐 청산의 칼춤 때 이미 시작된 거였는지도 모른다. 10·26 이후 전두환 사령관이 10·26 사태의 수사본부장을 맡으면서 당시 모든 정보를 쥐고 언론의 스포트라이트를 받으면서 권력의 공백기를 치고 들어갔고 결국 대통령이 되었듯이, 박 대통령 탄핵 이후 윤석열 특검팀장은 국정농단 특검과 적폐 청산을 위한 검찰의 수장이 되면서 모든 관련 정보를 쥐고 언론의 스포트라이트를 받으면서 영웅이 되었고, 결국 대통령이 되었다.

영화에서 보듯 10·26 이후 기다렸던 서울의 봄은 오지 않았다. 이후 1987년 서울의 봄은 다시 왔다. 아니, 서울의 봄은 오는 듯했지만, 우리가 모두 시대적 소명을 망각하고 눈앞의 작은 이익에 집착하면서 다시 추운 겨울이 찾아왔다. 한국 정치에, 한국 경제에 봄은 다시 올 것인가?

우리는 어떻게 해야 다시 봄이 찾아왔을 때 과거와 같은 실수를 반복하지 않을 것인가? 상명하복의 신권위주의를 끝내고 시민민주주의를 실현해야 한다. 사회가 자유롭고 활기찬 사회에서 모든 국민이 미래를 위한 도전에 거리낌이 없는 역동적 분위기를 만들어야 한다. 사람을 바꾸는 것만이 아니라, 시스템 개혁을 통해 과거의 체제를 끝내고 새로운 질서를 구축해야 한다. 그래야 봄도 오고, 그 봄이 오래갈 것이다. 국민들이 미래에 대한 희망을 갖고 사회 재투자와 사회 재생산에 나설 수 있도록 해야 한다.

내가 생각하는 시민민주주의란

87년 체제, 즉 제6공화국 헌법을 기초한 3김 등 당시의 정치 세력들은 대통령 직선제 도입 이후 대통령으로서 권력 장악에 초점을 두었다. 그 결과 5년 단임이지만, 모든 권력이 대통령에 집중되고 국회와 법원 등 다른 기관의 견제 기능은 약한 강력한 제왕적 대통령제가 시행되었다. 헌법 제1조는 민주공화국과 국민주권주의를 선언하고 있지만, 감사원과 선관위, 국가인권위 등 각종 준사법기관을 대통령 산하에 두고, 행정부에 예산안 작성권을 주고, 법률안 제출을 행정부도 하게 하는 등 곳곳에서 대통령이 막강한 권한을 휘두를 수 있게 하면서, 주권자인 국민의 대표기관인 국회의 행정부 견제 기능은 한계가 있었다.

군 통수권이야 어쩔 수 없다지만, 검찰, 경찰, 국정원 등 국가의 정보와 공권력을 쥐고 있는 권력기관을 모두 대통령의 지휘하에 두면서도 지나치게 단일적 지배 구조로 설계하여 수평적 견제가 어렵게 만들었다. 더 큰 문제는 대통령제를 시행하면서 강력한 대통령의 권한을 견제할 수 있도록 의회와 법원의 견제 기능을 보장한 것이 아니라, 국회의원의 내각 겸임을 가능케 하고, 장관의 임명 과정에서 국회의 인사청문회가 유명무실해질 수 있게 하였고, 법원의 예산이나 관련 입법도 정부가 정할 수 있게 하였다. 더구나 미국 등과 달리 대통령의 임명권이 제한되어 있지 않음으로써 대통령이 무소불위의 인사권을 휘두를 수 있게 하였다.

본래 대통령제는 대통령에 권한이 집중되어 있기 때문에 독재로 흐를 위험이 다분하다는 한계가 있어서 민주주의가 발달한 선진국에서는 잘 채택하지 않았다. 미국의 경우는, 연방제라 연방과 지방 간의 균형과 견제가 이루어지기도 하지만, 대통령 권한의 집중을 완화하기 위해 곳곳에 의회의 견제기능을 강화해 놓았다. 대통령과 정당의 철저한 분리, 원내정당제도, 공천권을 국민에게 부여하는 예비선거제도, 예산안의 작성과 심의에 대한 의회 독점, 상하 양원제, 의원의 내각 겸직 금지 등이다. 그러니 미국에서는 공화당 의원이 민주당 대선후보를 공개지지하거나 그 반대의 경우가 일어나기도 한다. 그런데 87년 한국에서는, 오랜 군사정권의 독재 이후 대통령직선제 관철만으로도 국민들은 만족했기 때문에 그 당시로서는 87년 체제의 구조적 한계가 주목되지 않았던 것 같다.

한마디로 이런 헌법 체제로는 누구나 마음만 먹으면 권위주의적 통치가 가능하여 이미 민주적 시민의식이 높아진 국민의 눈높이와 맞지 않았다. 이렇게 한계를 안고 출범한 제6공화국의 한계는 이미 예견된 것이었다. 김영삼, 김대중 대통령이야 워낙 탁월한 리더십과 정치력으로 단련된 분들이라 큰 문제가 없었지만, 양 진영의 대립이 노무현 대통령 때부터 점점 심해지면서 이명박 대통령 이후부터는 견제와 협치는 사라지고 권력기관을 십분 활용하여 권력을 장악하는 데 모두 몰두하였다.

또한, 대통령의 막강한 권한에서 떨어질 콩고물이 많다는 인식이 생기면서 대통령과 대통령 주자를 중심으로 이익 카르텔이 형성되었다. 엘리트 관료들과 각 권력기관 내 엘리트들이 줄 서기와 눈치 보기에 급급해지면서 그전까지 대한민국을 이끌어 오던 공무원 엘리트 집단이 무너지기 시작했다. 과거 3김처럼 확고한 리더십이 존재하지 않는 시대에 대통령 주자를 중심으로 양당 내부도 각자 분열이 끊이지 않으면서 정치권은 생산적인 경쟁보다 소모적 정쟁으로 소일하는 경우가 점점 많아졌다.

내가 생각하는 시민민주주의는 시민의 삶 문제를 해결해 주는 정치다. 그런데 정치가 시민의 삶 문제를 해결하기 위해서는 상시 국회가 열려 있어야 한다. 그런데 현실은 국회는 교섭단체 간에 합의가 되어야 열 수 있고, 상임위도 마찬가지다. 교섭단체에 못 미치는 정당이나 무소속 의원은 국회 의사일정을 결정할 권한이 현저히 떨어진다. 그러다 보니 양당이 첨예하게 부딪히는 법안이 아닌 민생 법안은 뒷전이 되는 경우가 많다.

따라서 제대로 대의민주주의가 작동하려면 국회를 상시 국회 시스템으로 개혁해야 한다. 즉, 의원들이 항상 상임위, 특히 소위원회에서 일상적으로 토론과 결정을 해서 그때그때 일을 해야 한다. 서로 다른 안들 중에서 어떤 게 옳은 것인지 정리하고, 그걸 신속히 융합하고, 수정하고, 조율하는 능력, 즉 정의로운 유능함이 필요하다.

87년 체제는 이제 수명이 다했다
- 제7공화국의 꿈

지금도 국회 앞에서는 수많은 집단이 목이 터져라 집회 및 농성 중이다. 소음에 귀가 괴롭고, 온갖 천막과 깃발이 난무하는 그 모습을 보며 때로 짜증도 나지만, 한편으로는 공감도 간다. '오죽하면 저럴까?'하는 생각이 든다. 한 나라가 단 두 패로 나뉘어 그 정당 간에 의사 합의가 안 되면 국회 일정도 잡기 힘든 나라가 정상은 아닐 것이다. 양극화된 두 정당의 사이에서 수많은 사람의 이해관계는 대의되지 않은 채로 허공에 흩어진다. 그만큼 억울한 이들이 늘어날 수밖에 없고, 아무도 들어주는 이가 없으니 국회 앞에 와서 무조건 소리치는 것이다. 양당제가 다당제로 전환하든, 한 당 내에 여러 분파가 공존하든, 대의되지 않은 영역이 이처럼 넓게 방치된 상태로 둬서는 안 된다. 해결책을 강구하지 않는다면 대의민주주의 체제 자체가 어느 날 성난 민중에 의해 짓밟힐지도 모른다.

    시민민주주의로의 전환을 위해 해야 할 제도 개혁의 방향은 얼추 있다고 생각한다. 앞서 지적했듯이 우리의 현행 제도는 보스 정치의 산물이라 대통령제와 내각제 중 권력의 독재에 용이한 요소가 적당히 혼재되어 있다는 것이 문제다. 대통령과 의원 모두 임기를 보장받기 때문에 사실상 권력을 사유화하면서도 아무도 그 책임을 지지 않게 된다. 대통령제인데도 대통령 혹은 대선 주자인 정당의 대표가 정당을 장악하기 편하도록 헌법기관인 개개인의 국회의원이 정당에 종속되어 있다. 대통령이나 정당 대표는 정당을 통해 의원을 장악하고 국회는 그들의 졸이 된다. 그러니 국회는 권력에 대한 감시와 견제 역할을 하며 주권자인 국민을 대변하는 게 아니라, 대통령 혹은 정당 대표의 호위무사 및 대변자가 된다.

나는 대통령제를 유지하더라도 지금처럼 어느 한 진영, 어느 한 정당만을 대변하는 일부만의 대통령이 아니라, 국민 전체의 대통령으로서 일해야 한다고 생각한다. 이를 위해서는 임기 중 탈당하는 방안이 있다. 또한, 대통령의 권한을 축소하고 견제 기능을 강화해 '개발독재식 대통령제'에서 '민주적 대통령제'로 이행하도록 해야 한다고 생각한다.

국회나 감사원 등이 대통령을 견제하는 역할을 할 수 있도록 제도를 고민해야 할 필요가 있다. 광범위한 임명권, 시행령을 통한 정부의 법안제출권과 예산작성권을 손봐야 할 필요가 있다고 생각한다. 내각제로 이행하지 않는다면 대통령 선거와 국회의원 선거는 반드시 시기를 분리해서 치러져야 한다. 혹은 미국처럼 의회를 분리해서 두 팀으로 나누어, 절반씩 교체하는 선거를 치러서 2년에 한 번씩 절반의 총선으로 민의를 수용하는 것도 좋다고 생각한다.

지금의 대통령 5년 단임제와 국회의원 4년 임기는 맞물리는 시기가 매번 달라서 안정성을 주지 못한다. 어떨 때는 정권 초에 선거하면 거의 정권 끝날 때까지 사실상 어떠한 피드백도 주지 못하는 경우가 있다. 내각제가 아니라 대통령제를 유지하려 한다면, 오히려 좀 더 잦은 선거를 통한 피드백을 선거제도와 임기 조정을 통해 보장해야 한다고 생각한다.

또한 국회의원이 정당에 종속되지 않도록 당론, 적어도 강제 당론은 폐지하자. 사실 지금의 헌법 제46조에도 "국회의원은 국가 이익을 우선하여 양심에 따라 직무를 행한다."라고 이미 적혀 있다. 이 헌법 정신에 기초하여 각 정당은 당론이란 이름으로 국회의원의 양심을 억압하지 말고 자유투표제를 시행해야만 한다.

기본적으로는 주권재민의 원리가 실질적으로 실현되고 권력에 대한 민주적 통제가 강화되는 제도가 무엇인지를 근본적으로 고민할 필요가 있다. 그 외에도 기후 변화, 새로운 노사관계, 시대착오적이거나 권위적인 행정 질서 정리, 양극화 해소, 국제 관계에서의 국가 전략 등도 새로운 질서로 생각할 수 있다. 이제 '87년 체제'의 시효가 사실상 끝났으며, 새로운 질서가 필요하다는 사실에는 많은 이가 공감하고 있다.

나는 누구의 편이 아니라, 국가의 편이고, 국민의 편이다

이언주의 제3의 길은 무엇인가?

어떤 이들은 가끔 내게 묻는다. "이언주의 정체성은 무엇인가?" 그러면 나는 "제3의 길"이라고 답한다. 그러면 많은 사람이 그게 '제3지대'라고 생각하는데, 그렇지 않다. 제3지대는 제3의 공간을 의미하는 것으로 양당을 제외한 다른 지대에 있는 모든 사람을 의미한다. 그런데 '제3의 길'은 민주화 이후 우리가 갔어야 하는 길, 그런데 아직 가지 못한 길, 그리고 지금이라도 가야 하는 길이라고 나는 생각한다.

그동안 우리는 산업화 세력과 민주화 세력이 대립해 왔고, 그 대립은 아직도 여전하다. 그런데 산업화도 민주화도 모두 대한민국의 역사이자 발전의 경로였고, 양 세력 모두 일정하게 공과가 있다. 그런데 민주화가 이루어진 이후에도 우리 정치는 끊임없이 양 세력이 대립하고 있다. 산업화 세력은 민주화의 역사적 교훈을 부정하거나 축소하려 했고, 민주화 세력은 산업화의 역사적 공을 부정하거나 축소하려 했다.

산업화세력 일각에서 민주화세력을 '빨갱이'로 몬다거나, 민주화세력 일각에서 산업화세력을 '수구세력'으로 보는 것은 편협한 시각이다. 그런 시각을 갖고 어떻게 국민통합을 이루겠나? 오히려 민주화세력 내부에서 보다 국가정체성이 분명해지길 바라고 산업화세력 내부에서 좀 더 민주주의에 대한 이해가 깊어지길 바랄 일이다.

대개의 선진국은 산업화와 민주화가 이루어지는 역사에 상당한 시간적 간극이 있다. 그런데 우리나라는 짧은 시간에 산전수전을 다 겪다 보니까 두 세력의 대립 구도가 여전히 살아 있다. 그러다 보니 우리는 다음에는 어디로 가야 하는지, 전쟁이 끝난 뒤의 세상은 어때야 하는지, 두 세력의 생각이 어떻게 융합되고 교통정리가 되어야 하는지 머리를 맞대고 고민하지 못했다. 시대는 바뀌었는데, 진영 대립은 완화되기는커녕 점점 더 심해져서 진실과 정의조차 진영에 따라 달라지는 정치가 되었다.

독일과 비교했을 때 남북한의 대립이 더 감정적이고 극단적인 이유가 동족상잔의 전쟁을 치렀기 때문이듯이 좌우 진영의 대립이 대한민국에서 심해진 이유는 그 과정에서의 민주화 세력의 희생이 너무나 컸고, 그 이후의 시대적 전환이 너무나 드라마틱했기 때문이다. 그런 극단적 진영 대립은 노무현 대통령의 자살과 박근혜 대통령의 탄핵으로 더 심해졌다. 우리가 내전으로 나아갈 게 아니라면 이제는 두 시대의 접점을 찾고 서로 인정할 수 있는 부분과 미해결 영역으로 남길 부분을 하나씩 정리하자. 그래서 적어도 대통령 스스로 진영대립의 최전선에서 국민들을 싸움 붙이는 일은 없길 바란다.

내가 생각하는 제3의 길은 '정의로운 길'이다. 내가 어느 편이냐에 따라 그 정의로운 길은 달라지지 않는다. 어느 편이든 간에 공통의 정의로운 길을 우리는 찾아가야 한다. 마치 대법원 앞의 정의의 여신상처럼…. 사람들은 정치적 현안이 있을 때마다 먼저 "너는 누구 편이냐?"부터 묻고, 우리도 스스로 "나는 누구 편인가?"를 먼저 물은 다음에 그에 따라 진실과 정의를 달리 판단하는 이상한 시대가 되었다.

그러나 나는 일관되게 외쳐 왔다. 나는 더불어민주당 이전에 대한민국 정치인이고, 국민의힘 이전에 대한민국 정치인이다. 영화 〈서울의 봄〉에서 전두환 사령관 역의 전두광이 장태완 사령관 역의 이태신에게 자기랑 같은 편이 되자고 말하는 장면이 나온다. 거기서 이태신은 "대한민국 군인은 다 같은 편입니다."라고 말한다. 그렇다. 나는 어느 정당 이전에 대한민국 정치인이다. 나는 누구 편이 아니라, 국가의 편이고, 국민의 편이다. 우리 모두 어떤 인연이나 이해관계, 정책적 공통점에 의거하여 특정 정당에 몸담고 있지만, 우리 정치인들이 판단하는 모든 기준은 '선국후당先國後黨', '선민후당先民後黨'이어야 한다.

민주화까지만 해도 우리 사회에는 목표가 있었다. 그리고 민주화 세력이었던 YS, DJ 집권기까지만 해도 국민 눈에 민주화 세력은 정의로운 세력이었다. 그러나 그 이후부터는 사람들이 어느 한 세력이 절대적으로 정의롭다는 생각을 안 하기 시작했다. 이후 사회는 세속적인 목표에만 집착하고 어떤 시대적인 목표를 가진 적이 없었다. 민주화 이후 자유민주주의의 근본 정신, 즉 주권재민의 원리, 그리고 진실과 정의를 찾는 일을 소홀히 한 채 권력과 이익만을 좇다가 박 대통령 탄핵까지 왔다. 사실 당시 국민은 제3의 길, 즉 정의로운 길을 추구했다. 그래서 윤석열 검사가 떴고, '공정과 상식', 즉 진영과 정당을 뛰어넘는 정의로운 길을 내세운 그가 대통령까지 되었다.

국정농단 수사, 조국 수사에서 그가 그 길을 행동으로 보여 주었다고 사람들은 생각했다. 그런데 지금 와서 알고 보니 속았다, 엉터리였다는 생각이 든 거다. 하지만 여전히 사람들은 그 길을 찾고 있다. 진영에 따라 바뀌지 않는 정의와 진실의 길을 찾고 있다. 그것이 민주화 이후 어느새 대한민국이 잃어버리고 만 길, 마땅히 갔어야 하지만 가지 못한 길이라고 생각한다. 어느 때부턴가 한국 정치는 정의로운 길을 잃어버린 채 편 갈라서 싸우고, 상대를 해코지해서 이기는 싸움을 계속했다. 그리고 그 환경은 검찰공화국을 잉태하였다.

나는 분권과 협치, 숙의민주주의 등을 통해 실현되는 시민민주주의야말로 제3의 길을 실현하는 길이라 믿는다.

제3의 길은 가장 '정의로운 길', '최선의 길'이다

흔히 제3의 길을 중도와 착각한다. 그런데 제1의 길 산업화와 제2의 길 민주화 이후 우리가 가야 할 길을 제3의 길이라고 한다면, 이는 산업화 세력과 민주화 세력의 주장에서 중간쯤의 주장을 하는 게 아니다. 제3의 길은 두 세력의 주장을 융합하여 최선의 대안을 찾아내는 길이다. 또한, 구 진영의 주장을 잘 이해하면서 거기서 가장 정의로운 길을 판단해 내거나 새로운 대안을 융합해서 만들어 내는 것이다.

그런 면에서 정치에서 '중도'란 의미도 이도 저도 아니게 어중간하게 눈치 보며 가만히 있는 기회주의가 아니라, '정도'를 용기 있게 걷는 것이 되어야 한다. 다수 민심을 등지고 매번 살아 있는 권력에 영합하는 것은 '중도'가 아니라 '기회주의' 혹은 '어용'이다. 내가 생각하는 제3의 길은 자유 의지가 강한 까다로운 사람들이 진영이나 정당에 매이지 않고 객관적인 진실과 정의를 추구하는 태도이다.

결코 '물에 물 탄 듯, 술에 술 탄 듯' 하는 것이나 양극단을 비판하면서도 진실과 정의를 찾는 게 아니라 어중간하게 기회주의적으로 중간 어딘가쯤에 서 있는 것이 아니다. 오히려 진실과 정의를 위해 싸울 '용기'가 있어야 한다. 누구 편도 아니지만, 누구와도 대화하고 토론하며, 그때마다 진리와 정의, 그리고 최선을 찾는 것이다.

대법원 앞에 정의의 여신상이 있다. 그 정의의 여신상처럼 이해관계를 떠나, 기존 관념을 떠나 깊이 생각하고 토론하여 가장 정의로운 길을 찾아내고 그걸 실천해야 한다. 민주화 이후 진작 갔어야 하는데 가지 못한 길, 비겁하지 않은 길이다. 제3의 길, 즉 정의로운 길은 이언주의 '핵정치'이다.

상식적이고 당연한 길을
제대로 걸어가고 싶은 바람

제3의 길이 정의로운 길이라고 하면 막연하다고 생각할 수 있다. 하지만 이는 매우 쉽다. 지금까지 그 간단하고 상식적인 길을 제대로 가 본 적이 없어서 낯설게 느껴질 뿐이다. 지금 우리는 진영의 이해관계에 따라 진실이 달라지는 세상에 살고 있다. 예를 들어 '바이든, 날리면' 사태를 보라. 분명히 '바이든'으로 들리는데도 국민의힘 편이면 '날리면'이라고 답해야 한다. 이것이 정의로운 길인가? 아니다. 정의로운 길, 제3의 길은 그게 바이든이라고 인정하는 것이다. 이태원 참사에서도 그것이 우리 편에 유리하든 불리하든 인간 된 도리를 다하고 함께 슬퍼하는 것이 제3의 길이다.

후쿠시마 오염수 건에서도 그게 일본의 잘못이고 그 정도가 어떻든 우리에게 피해를 주는 거라면 정부는 일단 우리 국민을 대변해서 반대하는 게 제3의 길이다. 또한, 김건희 여사의 비리 의혹이 있을 때 내 편이라고 해서 감싸지 않고 정의롭게 특검을 시행하는 것이 제3의 길이다. 그러니 제3의 길은 정의로운 길, 상식적이고 당연한 길이다. 그런데 왜 이 길을 특별하게 제3의길 운운하며 얘기하고 있는가? 그 너무나 당연하고 상식적인 길을 제대로 못 가고 있기 때문이다.

나는 과거에는 더불어민주당이 좀 더 냉철한 대북관과 현실적 경제관을 갖는 정치 세력이 되기를 희망했다. 지금은 국민의힘에 대해 그들이 단순한 숭미숭일보다 좀 더 전략적 세계관을, 권력이나 대세 추종이 아니라 좀 더 민주적이고 인간적인 태도를 보이는 정치 세력이 되기를 희망한다. 그동안 그들이 추종해 왔던 운동권적 세계관, 혹은 진보 진영의 고정관념을 떠나 생각해 보자. 보편적 인권을 추구하는 입장에서 북한 인권을 무시하는 게 과연 정의로운 길인가?

대한민국 국민의 자존심과 독립된 국가로서의 외교적 자율성을 무시하고 전략적으로 지혜롭지 못한 숭미숭일적 외교 노선을 취하는 것이 맞는 것인가? 그동안 대한민국 보수는 한미 동맹을 추종해 왔고, 진보는 중국 등 북방 정책을 열심히 따라왔다고 해서 지금도 우리가 맹목적으로 그런 길을 가야 하는가? 이런 의문을 품고 진영이나 고정관념을 떠나 국가의 전략적 이익에 따라가는 영리한 길을 우리는 '제3의 길'이라 부를 수 있을 것이다.

경제를 한번 보자. 일반적으로 보수는 선택적 복지를 지지하고, 진보는 보편적 복지를 지지한다. 그러나 이제 우리는 알고 있다. 상황에 따라 우리는 때로는 보편적으로, 때로는 선택적으로 해야 하고, 재정의 한계를 감안해서 전부 다 할 수는 없다는 것을,

어떻게 하는 게 가장 효과적인지를 경제학적 분석을 해서 정하는 게 좋다는 것을.

세금도 마찬가지다. 일반적으로 보수는 감세를 지지하고 진보는 증세를 지지한다. 하지만 지금처럼 시중의 유동성이 높아 물가가 높을 때는 감세하면 물가가 더 폭등할 수 있기 때문에 바람직하지 않다. 따라서 각자 자신의 일반적 견해가 있을 수 있지만, 경제 상황에 따라 최선의 결정을 하는 게 바람직하다. 감세하면 기업이 투자한다는 낙수효과도 마찬가지다. 경제가 안 좋을 때는 감세해서 회사에 자금이 남아도 투자를 안 한다. 기업은 돈을 벌 수 있을 때 투자하지 돈이 남는다고 하지는 아니다. 따라서 감세냐 증세냐는 단순히 그런 이념적 요인을 고려하기보다 글로벌 거시경제의 상황과 유동성, 세수 상황과 확대 재정의 필요성 등을 종합적으로 고려해야 한다.

소득주도성장도 마찬가지다. 이념만으로 경제를 운영해서는 안 된다. 선한 의도로 악한 결과를 가져오는 일이 없어야 한다. 나는 여전히 더불어민주당이 일각의 운동권 교조주의적 태도를 버리고 유연한 경제 정책, 정의로운 대북 정책을 펴는 방향으로 변했으면 좋겠다. 마찬가지로 국민의힘이 그동안의 경직된 강경 대북 정책, 일방적 숭미숭일 정책, 시장근본주의적 경제 정책이나 관치 성격의 경제 정책을 버리고, 좀 더 약자를 배려하는 경제 정책, 시장의 자율성을 인정하는 일관된 경제 정책을 펴는 방향으로 변했으면 좋겠다. 하지만 둘 다 그렇게 변하지 않는다면 어떻게 할 것인가. 그 제3의 길을 직접 갈 것인가. 이상과 현실 사이에서 최선의 선택을 할 수밖에 없다.

우리가 통상 중도층이라 부르는 유권자 상당수는 무당파다. 그러니 무조건 중간적 입장만 고수하는 사람들이라고 생각하면 안 된다. 어떤 사안마다 정의로운 길, 혹은 가장 적합한 길을 찾으려는 사람들이다. 그들의 지지를 받으려면 그들의 공감을 얻는 행동을 해야 한다. 내가 보는 관점에서 그들은 사정 정국보다는 경제와 외교를 중시하고, 균형 잡힌 정책, 유능한 일 처리, 그리고 공감 능력을 바란다. 그들은 문재인 정부에 실망해서 정권 교체를 바랐지만, 지금의 윤석열 정부에 대해서도 크게 실망했다. 이미 윤석열 정부에게도 대실망했지만, 다시 더불어민주당에 기회를 줘야 하는지 고민 중일 것이다.

문재인 정부의 시장원리를 무시하는 경제관, 지나친 친북과 반일 정서, 문자폭탄과 내로남불 등 그들만의 집단주의, 적폐청산으로 심화된 진영대립을 걱정했지만, 윤석열 정부의 관치경제와 상대를 적으로 보는 이분법적 정치와 더 심해진 진영대립, 경직된 균형 재정, 중심을 잃은 지나친 숭미숭일 의식, 반민주적 권위주의와 검찰의 공포 정치에 과연 동의할까?

주체성을 지키는 전략 외교, 시장 원리를 존중하되 약자를 생각하는 제한적 확대 재정, 보스 정치를 탈피한 다원적 민주주의, 이념이나 사법보다 경제와 시민이 중심이 되는 시민민주주의, 논쟁하되 다양성을 존중하는 자유주의적 태도, 그리고 꼼수 없이 직설적으로 견해를 피력하는 진솔한 정치를 원하는 이들이 상당수이지 않을까. 심지어 제3지대를 표방하는 세력들도 성에 차지 않는다. 그런데 왜 이 쉬운 정서를 대변하는 정당을 찾기가, 그런 정당으로 혁신하는 정당을 만들어 내기가 이렇게 힘든 것일까.

정치라는 보이지 않는 시장이 있다면 그 수요자는 유권자이고, 공급자는 정당이고 정치인이다. 그런데 한국 정치는 어째서 수요자인 유권자 다수의 욕구, 그들이 살아가는 시대적 욕구를 무시하고 공급자인 정당과 정치인의 관성대로만 움직이는 걸까? 그런 정치 시장의 수요공급의 미스매치로 인해 한국 정치는 효능감이 극도로 떨어져 있다. 그러니 국민들의 정치무관심과 혐오가 더 심해진다.

갈수록 정치 혐오에 편승하는 저질 정치가 판을 치고 있지만 그럴수록 역설적으로 유권자들은 손해를 본다. 정치공급자든, 정치 수요자든, 이 현실에 분노한다면 가만히 있을 게 아니라 이 현실을 극복하기 위해 싸워야 한다. 점잖 빼며 있을 게 아니라, 악화가 양화를 구축하지 않도록 더 정의로운 길을 향해 무소의 뿔처럼 묵묵히 가야 하는 것이다.

　나는 유권자의 보편적인 정서와 지금의 양극화된 구조 간의 미스매치 문제를 해결하기 위해서 제3의 길을 꿈꾼다. 이를 통해서야 내가 생각하는 시민민주주의가 실현될 수 있다고 믿기 때문이다.

다시 쌓는 민주주의
한국 정치에 봄은 오는가?

이언주 지음
ⓒ 이언주, 2024

초판 1쇄 2024년 1월 2일 인쇄
초판 1쇄 2024년 1월 8일 발행

ISBN 979-11-5706-332-1(03340)

만든 사람들

기획편집	배소라, 이형진
디자인	이미경
홍보 마케팅	최재희 신재철 김예리
인쇄	예인미술

펴낸이	김현종
펴낸곳	㈜메디치미디어
경영지원	이민주 김도원
등록일	2008년 8월 20일 제300-2008-76호
주소	서울시 중구 중림로7길 4, 3층
전화	02-735-3308
팩스	02-735-3309
이메일	editor@medicimedia.co.kr
페이스북	facebook.com/medicimedia
인스타그램	@medicimedia
홈페이지	www.medicimedia.co.kr

이 책에 실린 글과 이미지의 무단전재·복제를 금합니다.
이 책 내용의 전부 또는 일부를 재사용하려면 반드시
출판사의 동의를 받아야 합니다.
잘못된 책은 구입처에서 교환해드립니다.